持続可能な社会を考える

法律学入門

井上 秀典 著

八千代出版

本書を父と母に捧ぐ

はしがき

　グローバル化に伴い、国内法および国際法をそれぞれ個別に理解しようとする時代は過ぎ去った。今日、国内法および国際法は密接に関連しており、そのような観点から、本書は国内法および国際法の融合に焦点を当てた。国内社会と国際社会の法を対比する形で記述しているので、その意味で網羅的ではない。また、本書により法律学を学生および一般の読者に学んでいただければ幸甚である。本書は原則として法実証主義（legal positivism）の立場に立つ。法実証主義とは規範と事実の分離を前提とし、実定法のみを法学の対象であるとする考え方である。最近は環境や人権の分野で、厳格な法実証主義の立場に立たない一定の目的や価値の実現を含めた考え方がある。

　日本国憲法の部分は判例を重視した結果、原文をそのまま引用した。本文引用の判例には検索に便利なように判例の年月日を付記した。最高裁判所ホームページなどで検索してもらいたい。条文、条約規定、判例は見やすいように四角で囲った。判旨は大部分、原文を掲載している。原文から内容を読み取る努力をしてほしい。

　社会科学である法分野は歴史の知識が不可欠であるので、是非、歴史書を読んでいただきたい。高校の教科書でも良いし、社会人向けの歴史書でも良い。

　法律学は単に暗記をするのではなく、その背景、趣旨を理解して、現在なぜ法律や条約が存在するのかを理解することが必要である。「人は、まことあり、本地たづねたるこそ、心ばえをかしけれ」（堤中納言物語）にあるように、物事の本質を追究することが必要である。

　最高裁判所判決は、http://www.courts.go.jp/app/hanrei_jp/search2?reload=1 から検索することができる。また、法令は、総務省法令データ提供システム http://law.e-gov.go.jp/cgi-bin/idxsearch.cgi から検索することができる。

　本書の執筆および刊行にあたり、八千代出版株式会社代表取締役の森口恵美子氏、編集担当の御堂真志氏に大変お世話になり、ここに感謝の意を表する。

目　　次

はしがき　*i*
参考文献　*iv*

第1章　法とは何か ………………………………………………… 1
第1節　法と道徳　*1*
第2節　法とは何か　*6*
1. 自然法論と法実証主義　*6*　2. 法と社会　*7*　3. 法と強制　*8*

第2章　国内社会の法と国際社会の法 ………………………… 11
第1節　国内社会の法　*11*
1. 成文法（制定法）　*11*　2. 不文法　*15*
第2節　国際社会の法　*20*
1. 近代国際法の成立　*20*　2. 現代国際法の成立　*21*
3. 国際法の成立形式　*24*　4. 国際法主体　*28*
5. 国際法と国内法　*31*

第3章　国内社会と人権保障 …………………………………… 35
第1節　総　　論　*35*
1. 人権の享有主体　*36*　2. 特別な法律関係による人権　*40*
3. 私人間における人権の保障　*41*　4. 包括的基本権　*43*
5. 法の下の平等　*49*
第2節　自由権および社会権　*54*
1. 精神的自由権　*54*　2. 経済的自由権　*64*　3. 人身の自由　*67*
4. 社会権　*70*

第4章　国際社会と人権保障 …………………………………… 73
第1節　歴　　史　*73*
第2節　個人と人権保障　*75*
第3節　難　　民　*76*

第5章　主権と領域 ……………………………………………… 79
第1節　領　　域　*79*
1. 海洋　*80*　2. 資源開発　*84*　3. 空　*87*　4. 宇宙　*88*
第2節　領土問題　*89*
領土の得喪　*90*

第6章　安全保障 ……………………………………………………… 93
第1節　国内社会と安全保障　93
1. 日本国憲法成立史　93　　2. 日本国憲法の平和主義　94
第2節　国際社会と安全保障　99
1. 集団安全保障　99　　2. 平和維持活動（PKO）　100
3. 自衛権　103　　4. 集団的自衛権　103　　5. 国際人道法　104

第7章　環境保全 ……………………………………………………… 109
第1節　環境保全と国内社会　109
1. 歴史　109　　2. 環境影響評価（環境アセスメント）　113
3. 廃棄物　118　　4. リサイクル制度　122
5. 被害者救済制度　127　　6. 環境訴訟　129
第2節　環境保全と国際社会　138
1. 国際環境法の特色および発展の歴史　138
2. 気候変動　141　　3. オゾン層保護　145
4. 海洋汚染　147　　5. 有害廃棄物の越境移動　149
6. 生物多様性　151　　7. 水産資源　154　　8. 原子力事故　155

第8章　犯　　罪 ……………………………………………………… 157
第1節　国内社会と犯罪　157
1. 罪刑法定主義　157　　2. 構成要件該当性　158
3. 違法性　159　　4. 有責性　159　　5. 刑罰　160
第2節　国際社会と犯罪　161
1. 犯罪人引渡　161　　2. 国際犯罪　162

第9章　司法制度 ……………………………………………………… 165
第1節　国内社会と司法制度　165
1. 司法権　165　　2. 司法権の限界　166
3. 司法権の独立　168　　4. 民事・刑事手続　169
第2節　国際社会と司法制度　174
1. 仲裁裁判　174
2. 国際司法裁判所（International Court of Justice）　175
3. 国際海洋裁判所（International Tribunal for the Law of the Sea, ITLOS）　178

事項索引　181
判例索引　184

参考文献（著者順不同）

ヴィノグラドフ『法における常識』岩波文庫　1972年
イェーリング『権利のための闘争』岩波文庫　1982年
ルソー『社会契約論』岩波文庫　1954年
ロック『市民政府論』岩波文庫　1968年
ハンス・ケルゼン『純粋法学』岩波書店　1973年
ハンス・ケルゼン『法と国家の一般理論』木鐸社　1991年
ハート『法の概念』ちくま学芸文庫　2014年
長谷部恭男『法とは何か』河出書房新社　2011年
五十嵐清『法学入門』悠々社　2006年
碧海純一『新版　法哲学概論』全訂第2版　弘文堂　1989年
芦部信喜『憲法』第6版　岩波書店　2015年
伊藤正己『憲法』第3版　弘文堂　1995年
Hans Kelsen, *General Theory of Law and State*, Lawbook Exchange Ltd., 2007.
Ronald Dworkin, *Laws Empire*, Hart Pub., 2003.

山本草二『新版　国際法』有斐閣　1994年
柳原正治『国際法』放送大学教育振興会　2014年
小松一郎『実践国際法』第2版　信山社　2015年
大塚直『環境法Basic』第2版　有斐閣　2016年
北村喜宣『環境法』第3版　弘文堂　2015年
磯崎博司『国際環境法―持続可能な地球社会の国際法』信山社出版　2000年
水上千之・臼杵知史・西井正弘編著『国際環境法』有信堂高文社　2001年
石野耕也・岩間徹・磯崎博司・臼杵知史編『国際環境事件案内―事件で学ぶ環境法の現状と課題』信山社出版　2001年
地球環境法研究会編『地球環境条約集』第4版　中央法規出版　2003年
西井正弘編『地球環境条約―生成・展開と国内実施』有斐閣　2005年
松井芳郎『国際環境法の基本原則』東信堂　2010年
塩野宏『行政法Ⅰ』第6版『行政法Ⅱ』第5版補訂版　有斐閣　2015年、2013年
原田尚彦『行政法要論』全訂第7版補訂2版　学陽書房　2012年
内田貴『民法Ⅱ』第3版　東京大学出版会　2011年
山口厚『刑法入門』岩波新書　2008年
前田雅英『刑法総論講義』第6版　東京大学出版会　2015年
藤田広美『講義民事訴訟』第3版　東京大学出版会　2013年
池田修・前田雅英『刑事訴訟法講義』第5版　東京大学出版会　2014年

『憲法判例百選Ⅰ・Ⅱ』第6版　有斐閣　2013年
『行政判例百選Ⅰ・Ⅱ』第6版　有斐閣　2012年
『民法判例百選Ⅰ・Ⅱ』第7版　有斐閣　2015年
『刑法判例百選Ⅰ・Ⅱ』第7版　有斐閣　2014年
『民事訴訟法判例百選』第5版　有斐閣　2015年
『刑事訴訟法判例百選』第9版　有斐閣　2011年
『国際法判例百選』第2版　有斐閣　2011年
『環境法判例百選』第2版　有斐閣　2011年
『国際条約集』2016年版　有斐閣　2016年

第1章

法とは何か

「法とは何か」という命題は多くの先達たちが研究を重ねてきたが、いまだに決定的な答えが見つかっていない。自然科学の分野では問題に対する答えは原則として一つであるが、法学のような社会科学においては答えが複数存在することが多い。そこで、まず、これまで法をめぐる問題に対してどのような考え方があるのかを検討する。

第1節 法と道徳

　法とは何かを検討する場合、法と道徳の関係・相違について考えてみることが必要である。ここで道徳とは「ある社会でその成員の社会に対するあるいは成員相互間の行為の善悪を判断する基準として一般に承認されている規範の総体」である（広辞苑）。道徳は普遍であるという前提で話を進めていく。
　たとえば、川でおぼれている人を助けなくても一般人は道徳的には非難されるとしても、法的には非難されない。ただし、救護義務のある警察官などは除かれる（警察官職務執行法3条）。
　法と道徳の関係を考える際の題材として代理母訴訟を取り上げる。

> **代理母（BabyM）訴訟**
> 　1985年、メアリー・ベス・ホワイトヘッド（当時28歳、無職、白人、子ども2人）は、スターン夫妻（夫は38歳の生化学者、妻は38歳の小児科医）と、ニューヨーク州にある不妊センターを介して、人工授精により健康な子が生まれ

> た場合には契約金1万ドルを受け取り、ただちに養子契約にサインし、親権を放棄するという内容の契約を結んだ。契約後、すぐ人工授精は成功し、1986年にホワイトヘッドは女児を出産（精子は夫スターンのものであり、卵子および子宮は代理母ホワイトヘッドが提供）した。ところが、出産後、ホワイトヘッドが子の引き渡しを拒否したため、スターン夫妻が子の引き渡しを求めて訴えた。
> 　1987年3月31日、ニュージャージー州上位裁判所（Superior Court）判決は、代理母契約を合法とし、スターン夫妻に親権を認め、ホワイトヘッドには親権も養育権も認めないとした。1988年ニュージャージー州最高裁は、金銭授受を伴う代理母契約を公序良俗違反で無効であるとし、代理母の親権は終了していないとしたが、監護権については「子の最良の利益（the best interests of the child）」の基準にしたがって子のスターン夫妻への引き渡しを命じた。

　現代社会において不妊に悩む夫婦は多い。そのような時代背景から最近、代理母による出産の要望が増えてきている。このこと自体が道徳に反するかどうかが問題となる。
　現在、法制化されている制度として1987（昭和62）年に創設された特別養子制度（民法817条の2～）がある。この制度が導入されたきっかけは「赤ちゃん斡旋事件」である。事件が起こった当時は赤ちゃん斡旋という行為は法律に違反し、人身取引という点から道徳にも反するとされた。

> **赤ちゃん斡旋事件（最判昭和63.6.17）**
> 【事案の概要】1970年代、産婦人科医の菊田医師が、子の養育を望まない母親から出生した子を子の養育を希望する者に虚偽の出生証明書を発行して、子を斡旋していた事件である。菊田医師は医師法、公正証書原本等不実記載・行使罪に問われ、罰金20万円の判決を受けた。
> 【判旨】上告人が行つた実子あつせん行為のもつ法的問題点について考察するに、実子あつせん行為は、医師の作成する出生証明書の信用を損ない、戸籍制度の秩序を乱し、不実の親子関係の形成により、子の法的地位を不安定にし、未成年の子を養子とするには家庭裁判所の許可を得なければならない旨定めた民法798条の規定の趣旨を潜脱するばかりでなく、近親婚のおそれ等の弊害をもたらすものであり、また、将来子にとつて親子関係の真否が問題となる場合についての考慮がされておらず、子の福祉に対する配慮を欠くものといわなければならない。したがつて、実子あつせん行為を行うことは、中絶施術を求める女性にそれを断念させる目的でなされるものであつても、法律上許されないのみならず、医師の

職業倫理にも反するものというべきであり、本件取消処分の直接の理由となつた当該実子あつせん行為についても、それが緊急避難ないしこれに準ずる行為に当たるとすべき事情は窺うことができない。しかも、上告人は、右のような実子あつせん行為に伴う犯罪性、それによる弊害、その社会的影響を不当に軽視し、これを反復継続したものであつて、その動機、目的が嬰児等の生命を守ろうとするにあつたこと等を考慮しても、上告人の行つた実子あつせん行為に対する少なからぬ非難は免れないものといわなければならない。

　殺人は当時、刑法199条で「人を殺した者は、死刑又は無期若しくは3年以上の懲役に処する」と規定されていた（現在は5年以上の懲役）。一方、刑法200条は「自己又ハ配偶者ノ直系尊属ヲ殺シタル者ハ死刑又ハ無期懲役ニ処ス」と定めていた。尊属とは自分よりも前の世代に属する血族を指し、直系尊属（父母、祖父母など）と傍系尊属（おじ、おばなど）に分けられる。

　刑法200条は刑法199条よりも重い刑罰を規定しており、法の下の平等（憲法14条）に反するかどうかが争われた。尊属殺重罰違憲訴訟最高裁判決は刑法200条が違憲という判断を出したが、結論に至る理由が裁判官によって分かれた。すなわち「尊重報恩」という立法目的は合理的であるが、刑の加重が極端であるので違憲とした裁判官と立法目的自体が違憲であるという裁判官とに分かれたのである。

尊属殺重罰違憲訴訟（最大判昭和48.4.4）
【事案の概要】14歳から15年間にわたって夫婦同然の関係を強いられ、子までもうけた被告人が同僚との結婚を反対され、暴力を受け、思いあまって父親を絞殺した事件である。
【判旨】刑法200条の立法目的は、尊属を卑属またはその配偶者が殺害することをもつて一般に高度の社会的道義的非難に値するものとし、かかる所為を通常の殺人の場合より厳重に処罰し、もつて特に強くこれを禁圧しようとするにあるものと解される。ところで、およそ、親族は、婚姻と血縁とを主たる基盤とし、互いに自然的な敬愛と親密の情によつて結ばれていると同時に、その間おのずから長幼の別や責任の分担に伴う一定の秩序が存し、通常、卑属は父母、祖父母等の直系尊属により養育されて成人するのみならず、尊属は、社会的にも卑属の所為につき法律上、道義上の責任を負うのであつて、尊属に対する尊重報恩は、社会生活上の基本的道義というべく、このような自然的情愛ないし普遍的倫理の維

持は、刑法上の保護に値するものといわなければならない。しかるに、自己または配偶者の直系尊属を殺害するがごとき行為はかかる結合の破壊であつて、それ自体人倫の大本に反し、かかる行為をあえてした者の背倫理性は特に重い非難に値するということができる。

このような点を考えれば、尊属の殺害は通常の殺人に比して一般に高度の社会的道義的非難を受けて然るべきであるとして、このことをその処罰に反映させても、あながち不合理であるとはいえない。そこで、被害者が尊属であることを犯情のひとつとして具体的事件の量刑上重視することは許されるもののみならず、さらに進んでこのことを類型化し、法律上、刑の加重要件とする規定を設けても、かかる差別的取扱いをもつてただちに合理的な根拠を欠くものと断ずることはできず、したがつてまた、憲法14条1項に違反するということもできないものと解する。

さて、右のとおり、普通殺のほかに尊属殺という特別の罪を設け、その刑を加重すること自体はただちに違憲であるとはいえないのであるが、しかしながら、刑罰加重の程度いかんによつては、かかる差別の合理性を否定すべき場合がないとはいえない。すなわち、加重の程度が極端であつて、前示のごとき立法目的達成の手段として甚だしく均衡を失し、これを正当化しうべき根拠を見出しえないときは、その差別は著しく不合理なものといわなければならず、かかる規定は憲法14条1項に違反して無効であるとしなければならない。

この観点から刑法200条をみるに、同条の法定刑は死刑および無期懲役刑のみであり、普通殺人罪に関する同法199条の法定刑が、死刑、無期懲役刑のほか3年以上の有期懲役刑となつているのと比較して、刑種選択の範囲が極めて重い刑に限られていることは明らかである。もつとも、現行刑法にはいくつかの減軽規定が存し、これによつて法定刑を修正しうるのであるが、現行法上許される2回の減軽を加えても、尊属殺につき有罪とされた卑属に対して刑を言い渡すべきときには、処断刑の下限は懲役3年6月を下ることがなく、その結果として、いかに酌量すべき情状があろうとも法律上刑の執行を猶予することはできないのであり、普通殺の場合とは著しい対照をなすものといわなければならない。

刑法200条は、尊属殺の法定刑を死刑または無期懲役刑のみに限つている点において、その立法目的達成のため必要な限度を遥かに超え、普通殺に関する刑法199条の法定刑に比し著しく不合理な差別的取扱いをするものと認められ、憲法14条1項に違反して無効であるとしなければならず、したがつて、尊属殺にも刑法199条を適用するのほかはない。

では、法と道徳の区別の基準はどのようなものであろうか。

法は人の外部に現れた行為を規律し（法の外面性）、道徳は人の内心を規律する（道徳の内面性）という考え方がある。この考え方はトマジウスやカントが唱

えたものである。

　しかし法も内面性を持つ場合がある。たとえば、民法192条は「取引行為によって、平穏に、かつ、公然と動産の占有を始めた者は、善意であり、かつ、過失がないときは、即時にその動産について行使する権利を取得する」と規定する。「善意」とは事情を知らないことである。したがって法も内面性を有することになる。また、刑法38条1項は「罪を犯す意思がない行為は、罰しない」と規定する。「意思」は内面性の要素を有し、法も内面性を持つのでこの考え方をとることは困難である。

　法と道徳は重なり合う部分もあり、そうでない部分も存在する。民法に「時効」という制度がある。たとえば、借金をしていても催促されずに一定の期間が経過すると返さなくてもよいという制度である。この場合、お金を借りて返さないのは道徳に反しているが、法には反していない。また、破産制度も同じように道徳には反しているが、法には反していない。

　法に反しているが道徳に反していない場合の例として、安楽死を道徳にかなっていると考えれば、安楽死が該当する。

　安楽死を扱った小説として森鷗外の『高瀬舟』があり参考に読むことをおすすめする。安楽死の問題を考えることは、法と道徳を考える際の一つの参考となる。安楽死とは回復の見込みのない生から患者を解放するという目的で意図的に患者を死に至らしめる行為である。リーディングケースとして名古屋安楽死事件がある。名古屋高判昭和37.12.22 は以下のように安楽死の要件を判示した。

　【判旨】
1. 不治の病に冒され死期が目前に迫っていること
2. 苦痛が見るに忍びない程度に甚だしいこと
3. 専ら死苦の緩和の目的でなされたこと
4. 病者の意識がなお明瞭であって意思を表明できる場合には、本人の真摯な嘱託又は承諾のあること
5. 原則として医師の手によるべきだが医師により得ないと首肯するに足る特別の事情の認められること
6. 方法が倫理的にも妥当なものであること

また、東海大学安楽死事件（横浜地判平成7.3.28）において、医師による安楽死の要件として以下の要件を判示した。
1. 患者に耐えがたい激しい肉体的苦痛に苦しんでいること
2. 患者は死が避けられず、その死期が迫っていること
3. 患者の肉体的苦痛を除去・緩和するために方法を尽くしほかに代替手段がないこと
4. 生命の短縮を承諾する患者の明示の意思表示があること

をあげている。
　被告人の医師は懲役2年執行猶予2年の有罪判決を受けている。

第2節　法とは何か

　本節では近代自然法論からはじめ、実証主義そして現在までの法に対する考え方の変遷をまずたどってみることにする。
　自然法とは人間の本性に基礎をおき、時代をこえて保障されるべき普遍的な法である。

1.　自然法論と法実証主義

　中世の自然法は神の中に不変永久の法を最高の理念であるとしたのに対し、近代自然法は国民国家が誕生した17～18世紀に唱えられ、その考え方は国際法の父と呼ばれるグロチウスに代表される。彼は正しい理性の命令である自然法を主張し、万民の合意によって成立する万民法は自然法に優先するとした。その後、ホッブスやプーフェンドルフによって体系化された。19世紀に入ると法実証主義からの自然法論批判が巻き起こる。法実証主義とは実定法を対象とする法解釈学である。
　法実証主義の考え方はオースティンやケルゼン（Hans Kelsen）に代表される。
　ケルゼンは自然法を批判し、自然法における当為（あるべきことまたはなすべきこと）は絶対的な当為であり、実定法における当為は相対的な当為であるとする。自然法においては強制機関を持たない無政府主義に陥るとする。したがって自然法と実定法が併存することは論理的に不可能であるとする。

神や人間の理性を絶対的価値とする自然法論に対し絶対的価値の存在は科学的に検証できず、個人の世界観の問題だとしたのがウェーバーであり、ラートブルフである。

　現代においてハート（Hart）は、法は第一次的ルールと第二次的ルールの結合だとする。第一次的ルールは責務であり、これを補完するのが第二次的ルールだとする。第一次的ルールは行為規範に相当し、第二次的ルールは裁判規範や組織規範に相当する。この二次的ルールの中心が認定のルール（rule of recognition）である。すなわち人々が従うべき法は何かを認定するルールである。

　ハートの法実証主義を批判したのがロナルド・ドウォーキン（Ronald Dworkin）である。彼は『法の帝国』（*Law's Empire*）の中で、法的判断において重要な働きをするのは、ハートが言うようなルールではなく、法原理だとする考え方をとる。ドウォーキンは想像上の裁判官ハーキュリーズを登場させ（*Law's Empire*, p. 239）、困難な問題が生じた場合、実定法が存在しないから判断できないとするのではなく、裁判官が判断する原理は正義と公正に依拠するだろうとする。

2. 法と社会

　「社会あるところに法あり」という法諺がある。『ロビンソン・クルーソー漂流記』が引き合いに出されるが、もしあなたが無人島にたった一人で住んでいる場合には、法は存在しない。そこに『ロビンソン・クルーソー漂流記』のようにフライデーが登場することによって法の存在が明らかになる。社会秩序を保つために法が必要となってくる。

　法は社会規範の一つであり、社会規範とは人間が社会生活を営む上で従うべきルールである。社会規範には法の他に道徳、慣習、習俗、宗教などがあげられる。

　では「規範」とは何か。法哲学において自然科学の法則は「存在」（ドイツ語 sein、英語 be）で表すことができる。たとえば太陽は東から昇り、西に沈むという現象は当面は変化しない自然の法則である。一方、法は「当為」（ドイツ語 sollen、英語 ought to）で表すことができる。規範は「当為」にあたるとされている。すなわち、規範はそれが破られることが前提になっている。「〜であらね

ばならない」というのが規範である。

法は社会規範であるのと同時に行為規範でもある。行為規範とは人の行為を律する規範であるということができる。これは一つの定義であって「法とは何か」という命題は未解決の命題である。

また、法規範は裁判規範という一面も持っている。裁判規範とは裁判の基準となる規範を指している。裁判規範の例として時効制度があげられる（民法の取得時効や消滅時効、刑事法上の時効）。さらに組織の権限などを定める組織規範という側面も持つ。

> **法の支配と法治主義**
> 　法の支配と法治主義は異なる概念である。法の支配とは自然法による支配のことであり、政治権力を法の下に従属させる考え方で、法に基づいてのみ権力が行使される。イギリスで確立した裁判所の判例によって形成されたコモン・ローに見られる。
> 　一方、法治主義は行政権の発動は法律によってなされなければならないという、ドイツにおいて発達した考え方である。

3. 法と強制

法は強制という要素を持っている。ドイツの法学者イェーリングは『法における目的』の中で「強制を伴わない法はそれ自身において矛盾であり、燃えない火、照らない光である」と述べている。しかし、この考え方は正しいだろうか。なぜ、法は強制という要素を持っているのであろうか。

ケルゼンの法段階説

ケルゼンは純粋法学の立場をとり、政治的価値判断を排除し、純粋に法の規範構造を体系的に構成しようとした。法段階説もこの視点に立っている。法段階説は国家の法体系は憲法を頂点とするピラミッド構造になっているとする。すなわち憲法→法律→命令→処分という構造を形成し、憲法は授権規範として存在すると考える。では憲法に対する授権規範はというと、ケルゼンは根本規範（Grundnorm）が存在するという。

根本規範とは何か？ ケルゼンは『法と国家の一般理論』の中で憲法よりも

上位にある規範と考え、「合意は拘束する」、すなわち約束は守らなければならないというのが根本規範であるとする。国際社会においては「合意は拘束する」(pacta sunt servanda) という考え方が基本になっている。

法と道徳の区別の基準は「強制」にあるという考え方がある。『権利の闘争』で有名なドイツの法学者、イェーリングが唱えた考え方である。しかし、この考え方は国内社会では当てはまるが、国際社会において当てはまるかどうかは疑問である。なぜなら、国際社会では主権国家に対して強制執行を行う機関が存在しないからである。かつては「国際法は法か？」という議論があったが、今日の国際社会を見てみると国際法は法であるということができる。したがって強制という基準で法と道徳を区別することは困難である。

ケルゼン

第 2 章

国内社会の法と国際社会の法

第 1 節　国内社会の法

　国内社会のすべての人（外国人を含む）に適用される法が国内法である。国内法は各国の有する国家主権によって原則として他国に適用することはできない（国家主権については第 5 章参照）。

1.　成文法（制定法）

　成文法は抽象的な文章の形で規定されている法規範である。すなわち国会で成立した法（憲法、民法、刑法、商法、民事訴訟法、刑事訴訟法など）を指す。
　成文法の種類としては前述のように憲法、法律、条例、命令（政令・省令）、規則がある。

1) 種　　類
(1) 憲　　法

　国家の統治体制を定める根本法は固有の意味の憲法と呼ばれ、立憲主義の考え方を取り入れた憲法は近代的意味の憲法と呼ばれる。立憲主義（Constitutionalism）とは、国家の統治を憲法の下で行って、国民の権利を広く保障する主義であり、権力分立によって担保される。日本国憲法は立憲主義に基づいている。
　また憲法は、形式的意味と実質的意味という分類も可能である。形式的意味の憲法とは成文憲法を指し、実質的意味の憲法とはイギリスに見られるように

不文憲法であり、慣習法という形で存在する。

さらに、軟性憲法、硬性憲法という分類も存在する。軟性憲法とは法律と同じ手続で改正できる憲法であり、硬性憲法とは改正の要件が厳格な憲法である。1814年のフランス憲法は軟性憲法である。日本国憲法は硬性憲法（日本国憲法96条）であり、最近、憲法改正の議論が盛んである。

(2) 法　　律

国内社会において立法権があるのは国会である。国会において法律が成立する。

では、法律はどのように制定されるのか。内閣提出法案の場合、図2-1のような流れで原案作成から公布までが行われる。

①内閣法制局におけるチェックは、法律原案に対して、憲法や現行法制との関係で齟齬はないか、内容の法的妥当性、条文の表現及び配列等の構成、用字・用語について検討する。決して法律の解釈を行うものではない。

②内閣提出の法律案が衆議院または参議院に提出されると、適切な委員会で審議が行われる。委員会での表決後、本会議に移行し可決される。そして他の議院へ送付され、委員会および本会議での審議、表決が行われる。

③法律案は、憲法に特別の定めのある場合を除いては、衆議院および参議院の両議院で可決したとき法律となる。

④「公布」は、成立した法律を国民に周知させる目的で、国民が知ることのできる状態に置くことをいう。実際には官報への掲載である。公布は憲法7条1号に規定される内閣の助言と承認によって行われる天皇の国事行為である。また、「施行」は公布された法律の効力を発生させることであり、法律の附則

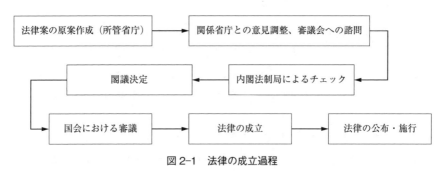

図2-1　法律の成立過程

で定められる。

(3) 政令・省令

政令は内閣が制定し、省令は所管省庁が策定する。政令は施行令という形で、また、省令は施行規則という形である。どちらも法律の運用等に関する専門的内容であるため国会の審議を経ない。たとえば大気汚染物質を定めた大気汚染防止法施行令が政令であり、大気汚染防止法施行規則が省令である。

(4) 条　　例

条例とは、地方公共団体が自治権に基づいて制定する法である。

日本国憲法94条は、地方公共団体は「法律の範囲内で条例を制定することができる」と規定する。条例には罰則を付することができる。たとえば各地方自治体の迷惑防止条例がある。

(5) 規　　則

規則とは、法の一形式である。

衆議院規則および参議院規則、最高裁判所規則、民事訴訟規則、刑事訴訟規則、会計検査院規則、人事院規則などがある。

(6) 通達、訓令

通達は、行政機関内部において上級機関が下級機関に対し所掌事務について

図2-2　日本国憲法

出典）国立公文書館デジタルアーカイブ（憲法等＞日本国憲法等）。
https://www.digital.archives.go.jp/

文書で通知する。具体的には法令の解釈、運用・取扱基準などである。

国家行政組織法では、「各省大臣、各委員会及び各庁の長官は、その機関の所掌事務について、命令又は示達するため、所管の諸機関及び職員に対し、訓令又は通達を発することができる」と規定されている（同法14条2項）。

国内では行政による通達が実質的に国民生活に大きな影響を与えている。いわゆる通達行政である。

訓令とは、上級行政機関が下級行政機関の権限行使について指揮するために発する命令である。

2）成文法の解釈

成文法は抽象的な規定であり、また、法律が作られてから年数がたつと時代の進歩により現実の社会との間に齟齬が生じることがある。そこに解釈の余地が生じてくる。ただし、あまりに齟齬が大きい場合は改正が行われる。たとえば、明治期に作られた民法は、第二次世界大戦後、親族相続の部分は改正になったが、それ以外は現在の情報化時代には対応できないものになってきていて、とくに債権法の改正論議が進んでいて、改正が行われた。

成文法の解釈の形式には以下のものがある。

(1) 立法者意思解釈

立法者意思解釈とは立法者の意思に従った解釈である。

立法者意思解釈は基本となる解釈であるが、時代の変化に追いついていけない弱点がある。

(2) 制定法による解釈

制定法による解釈のうち定義を規定したものとして民法85条があり、「『物』とは、有体物」を指すと規定する。

また、解釈の指針を示したものとして破壊活動防止法2条には拡大解釈の禁止が規定されている。

(3) 文理解釈

日本語の文法および通常の言葉の用法から解釈する方法である。

(4) 論理解釈

a. 拡張解釈

拡張解釈とは文字通り、拡張して解釈することである。たとえば民法233条

2項は「隣地の竹木の根が境界線を越えるときは、その根を切り取ることができる」と規定する。例えばタケノコは地下茎であり、根ではないが、拡大解釈をして切り取ることができると解釈する。

　b．縮小解釈

縮小解釈とはことばの意味をせまく解釈することである。

　c．類推解釈

刑事法においては、罪刑法定主義（本書第8章第1節参照）の観点から類推解釈は禁止されている。

　d．反対解釈

反対解釈とは、法律の規定の趣旨は法律の規定外の事項には及ばないとするものである。

反対解釈の例として、日本国憲法81条は「最高裁判所は、一切の法律、命令、規則又は処分が憲法に適合するかしないかを決定する権限を有する終審裁判所である」と規定し、条約が含まれていない。そこで条約は違憲法令審査権の対象外だと反対解釈をする。

　e．目的論的解釈

人の概念は民法と刑法では異なる。民法は3条で「私権の享有は出生に始まる」としているので全部露出説を採り、刑法は一部露出説を採る。刑法の場合、殺人罪（199条）と堕胎罪（212条）の区別をするためである。このように法的安定性および目的妥当性を考えた解釈が目的論的解釈である。

2．不文法

不文法とは文章の形で成立していない法である。

イギリスでは判決の積み重ねによる判例法が重要な役割をはたしている。イギリスには成文の形の憲法はない。成文ではない法の形式は不文法と呼ばれている。イギリスは不文法の国と一般に呼ばれている。なれど、イギリスに法律がまったくないわけではない。たとえば、後述のようにイギリスでは条約を批准する場合に事前に条約内容と同じ法律を制定しなければならない。これは変型方式と呼ばれている。

1）慣　習　法

慣習法とは地域の慣習が法的確信にまで高まったものをいう。すなわち慣習を法規範として遵守しなければならない意識まで高まったものである。刑事裁判においては罪刑法定主義の観点から慣習法は法源にはならない。

日本における慣習法の例は入会権である。入会権（いりあいけん）とは、村落共同体が、山林において土地を総有し、木々の伐採・山菜の採取、タケノコやキノコ狩りなどの共同利用を行う慣習的な権利をいう。入会権に関して「小繋（こつなぎ）事件」がある。

2）条　　理

条理とは「ものの道理」をいう。民事裁判において、制定法も慣習法も存在しない場合、条理が法源となる。明治8年太政官布告第103号「裁判事務心得」は以下のように規定する。

「民事ノ裁判ニ法律ナキトキハ習慣ニ依リ習慣ナキトキハ条理ヲ推考シテ裁判スベシ」

「ものの道理」といっても、具体的に何が条理かという点で判断の参考となるのが、一般条項である。一般条項の例として、権利濫用の禁止（民法1条3項）や公序良俗違反（民法90条）などである。権利濫用の禁止を扱った判例としては信玄公旗掛の松事件や宇奈月温泉事件が、また、公序良俗違反を扱った判例として前借金無効事件がある。

このように「信玄公旗掛の松事件」、「宇奈月温泉事件」、「前借金無効事件」は一般条項を適用し、権利の濫用の禁止や公序良俗違反を認めた判例である。

信玄公旗掛の松事件（大判大正 8.3.3）

【事案の概要】現在のJR中央本線日野春駅線路脇に、かつて信玄公ゆかりの松があった。鉄道院の所有する蒸気機関車の煤煙によって信玄公旗掛の松が枯死してしまった。そこで松の所有者であるSが損害賠償を求めて提訴した。

【判旨】権利ノ行使ト雖モ法律ニ於テ認メラレタル適当ノ範囲内ニ於テ之ヲ為スコトヲ要スルモノナレハ権利ヲ行使スル場合ニ於テ故意又ハ過失ニ因リ其適当ナル範囲ヲ超越シ失当ナル方法ヲ行ヒタルカ為メ他人ノ権利ヲ侵害シタルトキハ侵害ノ程度ニ於テ不法行為成立スルコトハ当院判例ノ認ムル所ナリ

宇奈月温泉事件（大判昭和 10.10.5）

【事案の概要】 宇奈月温泉は約 7.5 km 上流の源泉である黒薙温泉から引湯管で湯をひいてきていた。この引湯管は途中、急傾斜地の（甲）土地 2 坪を通っていた。（甲）土地は X 所有の（乙）土地の一部であった。引湯管は、当時の黒部鉄道が所有していた。X は（甲）土地を含んだ（乙）土地を Y に売却した。Y は黒部鉄道に対し、引湯管の撤去か（乙）土地の周辺を含め 3000 坪を買い取るように求めた。Y は所有権に基づく妨害排除請求権を根拠に引湯管の撤去を求めた。

【判旨】「原判決ハ、第一点ニ摘示シタルカ如ク事実関係ヲ認メ、上告人ニ於テ被上告人ノ不法行為ノ排除ヲ求ムル本件請求ヲ以テ権利濫用ノ不法行為ト為シタリ。上告人ハ原審ニ於ケル右主張ヲ援用シ、貴院ノ明鑑ニ愬フモノナリ。凡ソ所有権力社会的利益ト衝突スル場合ニハ、所有者ハ社会的利益ニ譲歩セサルヘカラス。所有者ニシテ任意ニ其ノ譲歩ヲ肯セサルトキハ強制ニ依ラサルヘカラス之レ収用法ノ規定アル所以ナリ。

然ルニ、収用法ノ適用ナキ事案ニ対シ、（一）被上告人ニ於テ引湯管ノ撤去ノ困難ナルコト、尠ナカラサル費用ト日時ヲ要スルコト、宇奈月地方ノ盛衰消長ニ関スルコト。（二）上告人力、殊更自己ニ不要ノ土地ヲ取得シ、不当ノ利益ヲ得ント欲シタリト独断シ、所有権ノ行使ハ被上告人ヲ困惑ニ陥ルルニ過キサルモノトシ上告人ハ権利ノ濫用ナリ不法行為ナリトナセリ。

然レトモ、被上告人ニ於ケル事情ハ他人ノ土地ヲ不法ニ侵害シタル者ニ於テ相手方力所有権ヲ円満ナル状態ニ回復セントシ救済ヲ求ムル為メ生スル当然ノ結果ニシテ、正ニ其ノ不便不利ハ甘受スヘキ所ニ過キス。上告人力、土地所有権ヲ取得スルニ当リ、其ノ要不要ハ他人ノ関与セラルヘキ事柄ニ非スサレハ不法侵害者ニ対シ救済ヲ求ムルモ断シテ権利濫用ニ非ス原判決ハ不法ナリト云ヒ」。

「按スルニ、所有権ニ対スル侵害又ハ其ノ危険ノ存スル以上、所有者ハ斯ル状態ヲ除去又ハ禁止セシムル為メ裁判上ノ保護ヲ請求シ得ヘキヤ勿論ナレトモ、該侵害ニ因ル損失云フニ足ラス、而モ侵害ノ除去著シク困難ニシテ縦令之ヲ為シ得トスルモ莫大ナル費用ヲ要スヘキ場合ニ於テ、第三者ニシテ斯ル事実アルヲ奇貨トシ、不当ナル利益ヲ図リ殊更侵害ニ関係アル物件ヲ買収セル上、一面ニ於テ侵害者ニ対シ侵害状態ノ除去ヲ迫リ、他面ニ於テハ該物件其ノ他ノ自己所有物件ヲ不相当ニ巨額ナル代金ヲ以テ買取ラレタキ旨ノ要求ヲ提示シ、他ノ一切ノ協調ニ応セスト主張スルカ如キニ於テハ、該除去ノ請求ハ単ニ所有権ノ行使タル外形ヲ構フルニ止マリ、真ニ権利ヲ救済セムトスルニアラス。

即チ、如上ノ行為ハ全体ニ於テ専ラ不当ナル利益ノ摑得ヲ目的トシ、所有権ヲ以テ其ノ具ニ供スルニ帰スルモノナレハ、社会観念上所有権ノ目的ニ違背シ其ノ機能トシテ許サルヘキ範囲ヲ超脱スルモノニシテ権利ノ濫用ニ外ナラス。従テ、斯ル不当ナル目的ヲ追行スルノ手段トシテ、裁判上侵害者ニ対シ当該侵害状態ノ

除去並将来ニ於ケル侵害ノ禁止ヲ訴求スルニ於テハ、該訴訟上ノ請求ハ外観ノ如何ニ拘ラス其ノ実体ニ於テハ保護ヲ与フヘキ正当ナル利益ヲ欠如スルヲ以テ、此ノ理由ニ依リ直ニ之ヲ棄却スヘキモノト解スルヲ至当トス」。

前借金無効事件（最判昭和 30.10.7）
【事案の概要】16 歳未満の A は酌婦として働く契約（酌婦稼働契約）を B 料理屋と結んだ。父親 A1 は、昭和 25 年 12 月 23 日頃、4 万円を期限を定めず借り受けた。A の報酬金はすべて他の費用の弁済に充当され、A にはほとんどお金が入らず、父親の受領した金員についての弁済には全然充てられるにいたらなかった。B 料理屋の経営者は酌婦稼動契約違反だとして酌婦の父親と連帯保証人に対し、損害賠償訴訟を起こした。この訴訟判決後、売春防止法が成立した。
【判旨】原審は、右事実に基き、A の酌婦としての稼働契約及び消費貸借のうち前記弁済方法に関する特約の部分は、公序良俗に反し無効であるが、その無効は、消費貸借契約自体の成否消長に影響を及ぼすものではないと判断し、上告人両名に対し前記借用金員及び遅滞による損害金の支払をなすべきことを命じたのであつて、以上のうち A が酌婦として稼働する契約の部分が公序良俗に反し無効であるとする点については、当裁判所もまた見解を同一にするものである。しかしながら前記事実関係を実質的に観察すれば、上告人 A1 は、その娘 A に酌婦稼業をさせる対価として、被上告人先代から消費貸借名義で前借金を受領したものであり、被上告人先代も A の酌婦としての稼働の結果を目当てとし、これあるがゆえにこそ前記金員を貸与したものということができるのである。しからば上告人 A1 の右金員受領と A の酌婦としての稼働とは、密接に関連して互に不可分の関係にあるものと認められるから、本件において契約の一部たる稼働契約の無効は、ひいて契約全部の無効を来すものと解するを相当とする。大審院大正 7 年 10 月 2 日（民録 25 輯 195 頁）及び大正 10 年 9 月 29 日（民録 27 輯 1774 頁）の判例は、いずれも当裁判所の採用しないところである。従つて本件のいわゆる消費貸借及び上告人 A2 のなした連帯保証契約はともに無効であり、そして以上の契約において不法の原因が受益者すなわち上告人等についてのみ存したものということはできないから、被上告人は民法 708 条本文により、交付した金員の返還をできないものといわなければならない。

判決で条理に言及した「マレーシア航空事件」がある。

マレーシア航空事件（最判昭和 56.10.16）
【事案の概要】マレーシア航空の旅客機が 1977 年 12 月 4 日クアラルンプール

に向けて飛行中、ハイジャックにより墜落し、乗客が死亡した。乗客の遺族がマレーシア航空に対し、損害賠償を求め、提訴した。第一審（名古屋地裁）は日本の裁判所に管轄権がないとしたため、原告が控訴した。第二審（名古屋高裁）は名古屋地裁に差し戻したため被告（マレーシア航空）側が上告した。
【判旨】思うに、本来国の裁判権はその主権の一作用としてされるものであり、裁判権の及ぶ範囲は原則として主権の及ぶ範囲と同一であるから、被告が外国に本店を有する外国法人である場合はその法人が進んで服する場合のほか日本の裁判権は及ばないのが原則である。しかしながら、その例外として、わが国の領土の一部である土地に関する事件その他被告がわが国となんらかの法的関連を有する事件については、被告の国籍、所在のいかんを問わず、その者をわが国の裁判権に服させるのを相当とする場合のあることをも否定し難いところである。そして、この例外的扱いの範囲については、この点に関する国際裁判管轄を直接規定する法規もなく、また、よるべき条約も一般に承認された明確な国際法上の原則もいまだ確立していない現状のもとにおいては、当事者間の公平、裁判の適正・迅速を期するという理念により条理にしたがつて決定するのが相当であり、わが民訴法の国内の土地管轄に関する規定、たとえば、被告の居所（〔改正前、以下同じ〕民訴法2条）、法人その他の団体の事務所又は営業所（同4条）、義務履行地（同5条）、被告の財産所在地（同8条）、不法行為地（同15条）、その他民訴法の規定する裁判籍のいずれかがわが国内にあるときは、これらに関する訴訟事件につき、被告をわが国の裁判権に服させるのが右条理に適うものというべきである。

　条理に言及した環境分野の判決には熊本県水俣病待たせ賃訴訟（最判平成3.4.26）がある。

熊本県水俣病待たせ賃訴訟（最判平成3.4.26）
【事案の概要】水俣病の認定業務が停滞し、認定申請者に対する熊本県知事による違法な不作為状態が継続した。精神的苦痛を被ったとして国家賠償法に基づく慰謝料請求を求めた訴訟である。
【判旨】一般に、処分庁が確定申請を相当期間内に処分すべきは当然であり、これにつき不当に長期間にわたって処分がなされない場合には、早期の処分を期待していた申請者が不安感、焦燥感を抱かされ内心の静穏な感情を害されるに至るであろうことは容易に予測できることであるから、処分庁にはこうした結果を回避すべき**条理上**の作為義務があるということができる。

3）判 例 法

　日本の法制度において判例は原則として法源にはならない。判例は裁判所の判決の積み重ねであるが、実質、法源となっている場合がある。判例は最高裁判所の判決の積み重ねを指す場合が多い。裁判所法4条で「上級審の裁判所における判断はその事件について下級審の裁判所を拘束する」と規定し、実質的に最高裁判所の判決の積み重ねが判例となる。

　判決は主文および理由から成っている。たとえば刑事事件においては「被告人を死刑に処す」というのが主文であり、その理由が後に続く。判決の言い渡しにおいて裁判官は判決を読み上げるのが原則である。判決の読み上げには時間がかかる場合が多い。判決の中で理由の部分が先例拘束性を持つ。

　英米法では判決理由であるレイシオ・デシデンダイ（ratio decidendi）の部分が拘束力を持ち、傍論（obiter dicta）の部分は拘束力を持たない。裁判官の説示は傍論に当たる。

第2節　国際社会の法

1.　近代国際法の成立

　中世ヨーロッパにおいてはローマ教皇と神聖ローマ皇帝のもとにヨーロッパ社会の秩序が保たれていたが、三十年戦争による封建秩序の崩壊にともない国王の権力が拡大し、主権者である国王間の関係を築く国際法が発達した。

　1618年に起こった三十年戦争後、ヴェストファーレン（ウェストファリア）講和条約（1648年）によってヨーロッパ中心の新秩序である国家体制が成立した。当時の法秩序はいわばヨーロッパ公法といってもよい。現在でも国際法は実質的にヨーロッパ中心の法といってもいい過ぎではないと思う。

　近代の定義は多様であるが、一般的にはルネサンス、大航海時代、宗教改革が起点となっている。

　近代国際法は、主権国家の存在と法的平等、キリスト教的平和主義および人道主義、植民地支配の是認、国家の戦争権の肯定と戦時法規といった特色を有していた。

　19世紀後半になると、産業革命による交通・通信手段の発達と経済交流の

増大が背景となって、国際条約の締結数が増加していった。また、地理的適用範囲の拡大によってアジアに国際法が次第に浸透していった。日本もその例外ではなく、幕末に坂本龍馬がホイートン（Wheaton）の『萬國公法』を懐に入れていたのではないかと伝えられているのは有名な話である。また、箱館戦争において榎本武揚率いる幕府軍は国際法の制度である交戦団体の承認を受け、萬國公法を活用している。

当時の国際法の考え方では、植民地獲得の根拠としてアフリカ大陸やアメリカ大陸が無主地として先占の対象となった。無主地は誰も住んでいない土地という意味ではなく、国際法上の国家に属していなければ無主地であり、先占が国際法上領域取得の権原（領域取得の根拠）となっていた。国際法上の国家には、永続的住民、明確な領域、政府、および他国と関係を取り結ぶ能力を備えていることが必要とされる（モンテビデオ条約1条）。

三十年戦争（1618～1648年）
　オーストリアの属領であるベーメンの新教徒がハプスブルグ家によるカトリック信仰の強制に反発したことがきっかけで三十年戦争が起こった。当初は旧教対新教の宗教戦争であったが、その後、ハプスブルグ家対フランスの戦争に発展した。三十年戦争は1648年のウェストファリア条約によって終結した。

2.　現代国際法の成立
1）近代国際法の変動の要因

第一次世界大戦（1914～1918年）後の社会主義国の増大や第二次世界大戦後の冷戦によって、近代国際法の転機が訪れる。さらに、アジア・アフリカ諸国の登場によって植民地主義および人種差別主義に対する反対、民族自決権および天然資源に対する永久的主権の主張、技術移転、経済援助等による経済的格差是正という新国際経済秩序（New International Economic Order, NIEO）が主張された。

近代国際法の変動要因の第1として戦争観の変遷があげられる。国際社会における戦争観はどのように変遷してきたのだろうか。

まず、一定の正当原因によらない戦争は違法としたのが正戦論である。しか

し「正当な戦争」と「不正な戦争」を客観的に区別することが困難となり、一定の手続きを踏んで始められた戦争は合法とする無差別戦争観という考え方がとられた。この考え方はヨーロッパにおける決闘のルールに起源を持ち、戦時国際法として発達してゆく。その後、度重なる戦争に対する反省から戦争の違法化がはかられる。本格的な戦争の違法化が規定されたのは不戦条約（1928年）においてである。不戦条約では、「戦争を放棄する」とされていたため戦争と称さなければ違反ではなかった。現在でも「戦争」に関する定義はどの条約にも見られない。そして、国連憲章（1945年）で、はじめて戦争の違法化および武力行使の違法化が規定されることになる。しかし、現在のみならず過去においても国際社会では紛争が絶えない。人類の歴史は紛争の歴史といっても言い過ぎではない。なぜ人間は争うのか？　この問題は法学の範囲を超えるのでここでは述べないが、考えてみてほしい。

　国際紛争を解決する実効的な手段が国際社会では確立されていないため、戦争を規制する法規範は現在も実効性を持っており、戦時法規が今日、国際人道法と呼ばれるものに発展した。

　第2の変動要因は科学技術の発達である。科学技術の発達によって人類は海洋や宇宙に進出するようになり、国際法の適用範囲の空間的拡大が行われるようになった。

　第3の変動要因は国際組織の発達である。たとえば国際連合の安全保障理事会の決議は加盟国を拘束する（国連憲章25条）。このことは国際組織が国家の主権を制限する場合があることにつながる。

　第4の変動要因は人権保障である。第二次世界大戦前までは、人権問題は国内問題だととらえられてきた。しかし、第二次世界大戦におけるドイツ・ナチ政権によるホロコーストがきっかけとなって、第二次世界大戦後、人権問題は国際社会の問題としてとらえられるようになった。その結果、世界人権宣言（1948年）、国際人権規約・自由権規約第1議定書（1966年）、ヨーロッパ人権条約（1950年）、人種差別撤廃条約（1965年）、女子差別撤廃条約（1979年）、拷問禁止条約（1984年）、児童の権利条約（1989年）などが採択された。

　また、最近では人間の安全保障という考え方が出てきている。人間の安全保障とは、人間の生存・生活・尊厳に対する広範かつ深刻な脅威から人々を守り、

人々の豊かな可能性を実現できるよう、人間中心の視点に立った取組を実践する考え方である（外務省HP）。人間の安全保障委員会報告書（"Human Security Now"）の提言では、以下の10点を具体的にあげている。

1. 暴力を伴う紛争下にある人々を保護する。
2. 武器の拡散から人々を保護する。
3. 移動する人々の安全確保を進める。
4. 紛争後の状況下で人間の安全保障移行基金を設立する。
5. 極度の貧困下の人々が恩恵を受けられる公正な貿易と市場を支援する。
6. 普遍的な最低生活水準を実現するための努力を行う。
7. 基礎保健医療の完全普及実現により高い優先度を与える。
8. 特許権に関する効率的かつ衡平な国際システムを構築する。
9. 基礎教育の完全普及により全ての人々の能力を強化する。
10. 個人が多様なアイデンティティを有し多様な集団に属する自由を尊重すると同時に、この地球に生きる人間としてのアイデンティティの必要性を明確にする。

2）国際社会の分権的性格

国際社会は分権的性格を有しているといわれる。その性格は以下の3点に集約することができる。

（1）立法権の不存在

国内社会においては国会という立法権が存在するが、国際社会においては立法権を行う機関がない。

（2）裁判所の強制管轄権の不存在

国際司法裁判所（第9章、175頁参照）では選択条項受諾宣言（国際司法裁判所規程36条2）をしていない国家は裁判に服することはない。国内の裁判所では強制管轄権があり、原告が訴えれば被告は裁判に服することになるが、国際社会においては強制管轄権を有する裁判所が存在しない。

国際司法裁判所

表2-1 国内社会と国際社会の違い

	国内社会	国際社会
立法機関	国会	該当機関なし
行政機関	内閣	原則なし、国連が一部補完
司法機関	裁判所（強制管轄権）	国際司法裁判所（強制管轄権なし）
執行機関	裁判所など	原則なし、安保理が一部補完

(3) 強制執行手続の不存在

国内裁判において判決は当該事件に対して法的拘束力を有し、判決不履行の場合には強制執行手続が法定されている。一方、たとえば国際司法裁判所の判決は法的拘束力を有するが、判決不履行の場合の強制執行手続はない。

3. 国際法の成立形式

国際法はどのように形成されるのか？ 国際社会では、国内社会と異なり立法機関が存在しない。したがって国際的合意は、国際社会の構成メンバーによる黙示、明示の合意によって形成される。

1) 条　　約

国際法主体間の明示的合意が条約であり、その定義は「国の間において文書の形式により締結され、国際法によって規律される国際的な合意をいう」（条約法条約2条1a）。

条約は二カ国間条約と多数国間条約に分類することができる。慣習国際法を法典化した条約は一般国際法と呼ばれる。

では条約はどのように締結されるのか。以下の手続過程を踏む。

(1) 外 交 交 渉

条約交渉のためのアメリカに渡った岩倉使節団が全権委任状（図2-3）を忘れ、大久保利通と伊藤博文が日本まで取りに帰ったというエピソードは有名である。全権委任状が重視されたのは、この時代は写真もあまり普及していなかったし、インターネットもテレビもなく本当に国の代表かどうかが判明しなかったためである。

このように外交交渉の際には、全権委任状の提示が必要であるが、元首および外務大臣は例外である（条約法に関するウィーン条約7条2）。

図 2-3　国書御委任状第四号
出典）国立公文書館デジタルアーカイブ（重要文化財（公文書）＞国書御委任状）。
https://www.digital.archives.go.jp/

(2) 条約の採択

採択とは、条約作成に参加したすべての国の同意で行われ（同条約 9 条 1）、条約の形式と内容を定めるための手続である。

(3) 条約の署名

署名によって条約文が確定（authentication）し、変更・修正は認められない。署名のみで発行する条約は「簡略化形式の条約」と呼ばれ、国会の承認を経ないで発効する。専門技術性の高い内容の条約が該当する。

(4) 条約の批准

条約は批准によって批准国に効力をもたらす。条約の批准に該当するのは日本の場合、実質的に国会の承認である。その後、天皇の国事行為として公布される（憲法 7 条 1 号）。その後、批准書の交換（二カ国間条約）や批准書の寄託（多数国間条約）が行われる。

(5) 条約の登録

条約は国連に登録する必要がある。その理由は第 1 にかつてのヤルタ協定のような秘密条約の防止である。第 2 に条約の援用である。国連に登録されていない条約は当事国が国連機関に対して援用することができない（条約法に関するウィーン条約 102 条 2）。

2）慣習国際法

慣習国際法はどのように形成されるのか。慣習国際法の成立要件は諸国家の

慣行＋法的信念（法規範として国家が確信すること）である。

北海大陸棚事件（国際司法裁判所〔ICJ〕判決 1969.2.20）

【事案の概要】一つの大陸棚に対し複数国が隣り合っている場合にその境界が西ドイツ、オランダ、デンマーク間で争われた事件である。黒線は最終的に北海沿岸国が境界線として合意した等距離中間線であり、A～F を結ぶそれぞれの線は3国が主張した境界線である。すなわちA–B、C–D は裁判前に3国が同意した線、B–E–D、E–F はデンマークとオランダが主張した線、B–F–D は西ドイツが主張した線である。

出典 ICJ 判決 1969.2.20、para. 81

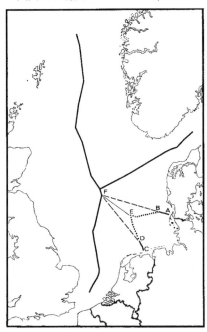

【判旨】The Court accordingly concludes that if the Geneva Convention was not in its origins or inception declaratory of a mandatory rule of customary international law enjoining the use of the equidistance principle for the delimitation of continental shelf areas between adjacent States, neither has its subsequent effect been constitutive of such a rule; and that State practice up-to-date has equally been insufficient for the purpose.

本件は大陸棚条約6条に規定される「等距離中間線」が国際慣習法になっているかが論点であった。判決は国際慣習法性を否定した。

大陸棚条約6条

1. 向かい合っている海岸を有する2以上の国の領域に同一の大陸棚が隣接している場合には、それらの国の間における大陸棚の境界は、それらの国の間の合意によって決定する。合意がないときは、特別の事情により他の境界線が正当と認められない限り、その境界は、いずれの点をとってもそれらの国の領海の幅を測定するための基線上の最も近い点から等しい距離にある中間線とする。

> 2. 隣接している2国の領域に同一の大陸棚が隣接している場合には、その大陸棚の境界は、それらの国の間の合意によって決定する。合意がないときは、特別の事情により他の境界線が正当と認められない限り、その境界は、それらの国の領海の幅を測定するための基線上の最も近い点から等しい距離にあるという原則を適用して決定する。
> 3. 大陸棚の境界を画定するにあたり、1及び2に定める原則に従って引く線は、特定の日に存在する海図及び地形に照らして定めなければならず、また、陸上の固定した恒久的な標点との関連を明らかにしたものでなければならない。

　一般慣行の期間はどのぐらいか？　かつて慣習国際法の例とされる公海自由の原則は確立するまでに約100年かかったといわれる。現実には主要国家の具体的行動を他の国が黙認することによって形成されていく。すなわち「広汎な慣行」＋「黙示の同意」から法的信念が生まれる。成立時期は不明確だが、効力の面で国際社会に一般的に妥当する。

　新国家の場合、慣習法の一括受諾、推定的受諾として慣習法の普遍性を説明する。では、慣習国際法はその形成に参加しなかった国をなぜ拘束するのか、また成立時の法的信念が失われても存続するのかという問題がある。

3）国際法の法典化

　国際法規則の成文化であり、法典化には国際法の漸進的発達も必要とする。ただし、国際会議による多数決なので国家的利害で左右されやすい。

表2-2　国際法委員会による法典化条約

条約名（採択年）	発効年
ジュネーヴ海洋法条約（1958年）	1964年
外交関係に関するウィーン条約（1961年）	1964年
領事関係に関するウィーン条約（1963年）	1967年
条約法に関するウィーン条約（1969年）	1980年
外交官も含む国際的に保護される者に対する犯罪の防止及び処罰に関する条約（1973年）	1977年
条約に関する国家承継に関するウィーン条約（1978年）	1996年
国家の財産、公文書及び債務に関する国家承継に関する条約（1983年）	未発効
国と国際機関との間又は国際機関相互の間の条約法に関する条約（1986年）	未発効
国際水路の非航行利用に関する条約（1997年）	2014年

国連の法典化事業

国連憲章 13 条 1a により、総会が国際法の漸進的発達と法典化の任務を負うこととされ、1947 年に国際法委員会が設けられた。表 2-2 は国際法委員会による法典化条約の例である。

4. 国際法主体

国際法主体とは国際法の権利義務が直接帰属するものをいう。近代国際法のもとでは国際法主体は国家のみであったが、現代国際法においては、国家以外にも限定的ながら国際法主体性が認められる。

1) 国　　家

国家の構成要素として永久的住民、領域、政府、外交能力があげられる（モンテビデオ条約 1 条）。

国家の形態としてコモンウェルス（英連邦）イギリス、およびかつてイギリスの植民地であった、カナダ、オーストラリアなどがある。

連邦国家としてアメリカ、ドイツなどがある。

バチカン市国は中立不可侵の領土であり、イタリアは法王主権下のバチカン市国を承認している（1929 年ラテラノ条約）。

2) 交戦団体、民族解放団体

交戦団体の承認

交戦団体の承認とは、内戦において政府に対する叛徒を政府および外国政府が交戦団体として承認することである。外国政府は内戦地において自国国民の利益などを守る必要があるからである。交戦団体承認によって国際法上の交戦法規が適用され、交戦団体承認を行った外国は国際法上の中立義務を負う。歴史上最初の承認は、アメリカの南北戦争において 1861 年イギリスが南軍を交戦団体として承認したときである。日本においては榎本武揚が活躍した幕末の箱館戦争においてアメリカとフランスによる交戦団体の承認が行われている。

民族解放団体として PLO（パレスチナ解放機構、現在はパレスチナ暫定自治政府）は 1974 年 11 月 22 日の国連総会決議においてオブザーバーの地位を与えられた。また、ジュネーブ条約第 1 追加議定書では民族解放団体に一定の国際法主体性が認められている（1 条 4、96 条 3）。

3) 国際組織

　国際組織とは政府間国際組織を指す。国際組織は設立文書によって設立される。たとえば国連は国連憲章によって設立された。

　設立文書で認められていない権限を国際組織がどの範囲で有するかという問題があり、国連損害賠償事件に関する勧告的意見（1949.4.11）では、国連は客観的な国際人格を有し、さらに「憲章の解釈上、当然にその義務の履行に不可欠なものとしてそれにゆだねられる権限を持つとみなされなければならない」という黙示的権限論の考え方がとられた。また、1956年に中東に派遣された国連緊急軍（UNEF）および1960年にコンゴに派遣された平和維持活動に要する経費が国連憲章17条2項に規定されている「この機構の経費」に該当するかどうかについて総会が勧告的意見を求めた「国連のある種の経費に関する事件に関する勧告的意見」（1962.7.20）では「目的達成に適切であると正当に認められる措置をとるとき、その行動は国連の権限を越えていないと推定される」とした。

　国際組織の権利義務として以下のことがあげられる。
(1) 条約締結権（国連憲章43条、63条、国際機構条約法条約6条、2条1 (j)）
(2) 特権免除（国連憲章105条1）
(3) 国際請求権
国連損害賠償事件勧告的意見（1949.4.11）
(4) 領域管轄権
1992〜1993年UNTAC（国連カンボジア暫定機構）における選挙の実施など。
(5) 国際責任
(6) 国際裁判での当事者資格
国連海洋法条約において国際海底機構は、国際海洋法裁判所海底紛争裁判部で当事者資格を有する（国連海洋法条約187条）。

4) 個　　人

　第二次世界大戦後の人権保障の観点から個人にも国際法主体性が限定的に認められる。ただし、権利を保護し義務を強制するため私人が当事者となるための国際的手続があることが必要である（原爆訴訟判決）。

原爆訴訟（東京地判昭和 38.12.7）
【事案の概要】1955（昭和 30）年 4 月、広島の下田隆一氏らが、国を相手に損害賠償請求およびアメリカの原爆投下を国際法違反とすることを求めて訴訟を起こした事件である。原爆投下は国際法違反としたが、原告損害賠償請求は棄却された。判決後 1957（昭和 32）年に原爆医療法が制定され、1968（昭和 43）年には原爆特別措置法が施行された。
【判旨】個人は常に国際法上の権利主体となりうるか。個人の国際法上の主体性は、国際法（主として条約）が個人の権利義務に関して規定している場合に、はじめて問題となるのであるが、この場合、国際法学説として、国際法上個人の権利義務が規定されていれば、それだけで個人に国際法上の権利義務が生ずるとする考え方と、個人がその名において国際法上権利を主張し、義務を追求される可能性がなければ国際法上の権利義務が生じたとはいえないとする考え方とが対立している。

　この対立は、国際法主体、ひいては法主体性一般に関する理解の仕方の相違によつて生ずるものであるが、一般的にいつて、ある者に権利主体又は法主体性が認められるということは、その者の名において権利を追求し、義務を負わされる可能性をもつことを意味するのである。従つて、国際法上の権利主体が認められるためには、やはり国際法上自己の名において権利を主張しうるとともに、義務を負わされる可能性がなければならない、と解すべきであろう。従つてこういう点からみれば、後者の考え方が正当である。

（1）国際裁判所への出訴権

　ヨーロッパ人権条約締約国の個人がヨーロッパ人権裁判所へ出訴することができる。また、ヨーロッパ司法裁判所もヨーロッパ共同体の機関の行為に関し、個人も出訴権を認められている。

（2）国際組織への代表権

　ILO（国際労働機関）においては、政府、使用者、労働者各代表がそれぞれ投票権を含む参加権を有する。

　旧ユーゴ、ルワンダ国際刑事裁判所、国際刑事裁判所において個人の戦争犯罪を処罰する。

  5）企　　業

　天然資源開発など国家と外国企業間で締結されるコンセッション契約（経済開発協定）において紛争が生じた場合には、国際法原則や法の一般原則を準拠法とする。また、解釈・適用に関する紛争は仲裁に付託される。

経済開発協定は条約に準じる効力がある（テキサコ対リビア事件仲裁判決）とした肯定事例と、否定事例（アモコ国際金融会社対イラン事件）がある。

ICSID（投資紛争解決国際センター）において、コンセッションや二国間投資保護条約に ICSID の仲裁裁判所の管轄が認められている（AAPL 対スリランカ事件）。

ヨーロッパ司法裁判所において企業の出訴権が認められている。これらのことから企業にも限定的であるが国際法主体性が認められる。

6) NGO

国連憲章 71 条に従って、国連機関や国連主催会議において NGO の発言権や文書提出権が認められてきた。

赤十字委員会は、条約の実施を含む武力紛争犠牲者のための活動を行う権限が認められている（ジュネーブ諸条約第一追加議定書 81 条）。

国際組織および個人の国際法主体性は条約で認められるにすぎず、受動的主体ということができる。

5. 国際法と国内法

国際法と国内法の関係はこれまで歴史的にも大いに議論されてきた問題である。具体的にいうと、条約と憲法および条約と法律の内容が抵触した場合はどのように解決されるのであろう。

二元論は国内法と国際法は全く別の法秩序であるとする。二元論に対して一元論は国内法と国際法は一つの法秩序であり、国内法が国際法に優位するとするのが国内法優位の一元論であり、その逆が国際法優位の一元論である。しかし、どの説が妥当かを論じても、現代の国際社会においては現実に即しているとはいえない。そこで最近、等位理論が提唱された（山本草二『国際法』）。等位理論は、国際法と国内法を等位の関係にあるとし、相互の義務が抵触する場合、調整を行うとするものである。ただし、等位理論に対しては二元論とかわらないという批判もある。

条約と憲法とどちらが優位かという点については、条約が憲法より優位であるとする条約優位説と、憲法は条約より優位であるという憲法優位説の考え方がある。それぞれの根拠をまとめると表 2-3 のようになる。条約優位説の根拠に対する反論が憲法優位説の根拠になっている。

表 2-3　条約と憲法の関係

条約優位説	憲法優位説
1.　憲法98条1項に条約は列挙されていない。また、同条2項で国際法規の誠実な遵守が規定されている。	1.　憲法98条1項は国内法秩序における憲法の最高法規性を規定したものであるので条約が対象となっていない。また、同条2項は遵守を強調しつつ、条約には国内法的効力が認められる趣旨を明らかにした規定である。
2.　憲法81条の違憲審査の対象に条約はなっていない。	2.　条約は国家間の合意であるので、司法審査に適していない。
3.　憲法前文および9条に国際協調主義が掲げられている。	3.　一般原則である国際協調主義から条約優位の考え方は導き出されない。

　政府見解によると条約は憲法に原則として優先しないが、条約内容によって憲法が優先する場合と条約が優先する場合があるとする。第33回参議院予算委員会（1959〔昭和34〕年11月17日）の林修三内閣法制局長官の答弁によれば、二国間の政治的、経済的条約は憲法が優先するが、確立された国際法規や平和条約というような一国の安危に関わるような問題は条約が優先するとする。

　条約が法律に優位する点は論争のないところである。

　条約の国内法への編入方式は各国の憲法によって異なり、一般受容方式と変型方式がある。一般受容方式はアメリカ、ドイツ、イタリア、フランスなどがとっている方式で、条約は議会の承認を得れば立法を行わなくてもそのまま受容できるというものである。一方、変型方式はイギリスやカナダなどがとっている方式で、条約と同じ内容の立法を行ってはじめて条約の国内実施が行われるものである。

　条約が国内的にどのように受け入れられるのかについては、一般受容方式と変型方式という2つの方式がある（図2-4）。

　一般受容方式をとる国において行政機関および裁判所において条約を直接適用するためには、当該条約が国内法上の問題について内容が明確な規定をおいていることが必要である。このような直接適用が可能な条約を自動執行条約（self-executing treaties）という。

　自動執行条約についてはオランダ人元捕虜損害賠償請求事件、慣習国際法の自動執行性についてはシベリア抑留訴訟がある。オランダ人元捕虜損害賠償請求事件判決では、権利の行使等に関する手続的要件等の明確性、シベリア抑留

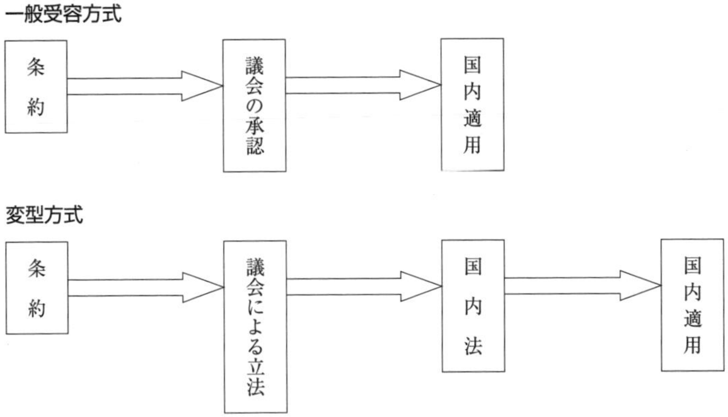

```
一般受容方式
  条約 → 議会の承認 → 国内適用

変型方式
  条約 → 議会による立法 → 国内法 → 国内適用
```

図2-4　条約の国内法への編入方式

訴訟判決では、自国民捕虜補償の原則が慣習国際法となっていないとした。

オランダ人元捕虜損害賠償請求事件（東京地判平成10.11.30〔東京高判平成13.10.11、最判平成16.3.30〕）
【事案の概要】第二次世界大戦中オランダ領東インド（インドネシア）で捕虜となったオランダ人が収容中に受けた非人道的な扱いを理由にハーグ陸戦規則およびジュネーヴ捕虜条約に違反するとして損害賠償を求めたものである。
【判旨】条約が国内法としての効力を持つに至っても、それだけでは裁判所等の国家機関がこれをそのまま国内法として適用できるわけではない。条約は、国家間の権利義務関係を定立することを主眼としており、条約の内容が私人相互間又は私人と国家間の法律関係に直接適用可能なものとして裁判所等の国家機関を拘束するためには、原則として国内における立法等の措置が必要である。
　確かに条約の中には、少数であるが、国内法による補完・具体化がなくとも内容的にそのままの形で国内法として実施できるような規定も存在する。しかし、条約のいかなる規定がそのままの形で国内法として実施可能な自動執行力を有するものであるかは、当該条約の個々の規定の目的、内容及び文言並びに関連する諸法規の内容等を勘案し、具体的場合に応じて判断しなければならない。そして、右判断に当たっては、第一に、「主観的要件」として当該条約の作成等の過程の事情により、私人の権利義務を定め、直接に国内裁判所で執行可能な内容のものにするという締結国の意思が確認できること、第二に、「客観的要件」として、私人の権利義務が明白、確定的、完全かつ詳細に定められていて、その内容を具体化する法令にまつまでもなく、国内的に執行が可能であること等が必要である。特に、国家に一定の作為義務を課したり、国費の支出を伴うような場合には、事

柄の性質上、権利の発生等に関する実体的要件、権利の行使等に関する手続的要件等が明確であることが必要である。
　したがって、ハーグ陸戦条約3条が本件訴訟において原告らの請求の法的根拠となるためには、右主観的要件及び客観的要件を具備することが必要となるが、同条は、主観的要件及び客観的要件のいずれも具備していない。よって、ハーグ陸戦条約3条に国内直接適用可能性ないし自動執行力を認めることはできない。

ハーグ陸戦条約3条
［戦闘員と非戦闘員］交戦当事者ノ兵力ハ、戦闘員及非戦闘員ヲ以テ之ヲ編成スルコトヲ得。敵ニ捕ハレタル場合ニ於テハ、二者均シク俘虜ノ取扱ヲ受クルノ権利ヲ有ス。

シベリア抑留訴訟（最判平成9.3.13）
【事案の概要】第二次世界大戦の終戦にともない、武装解除され投降した日本軍捕虜らが、ソ連によってシベリアにおいて長期にわたる抑留生活と奴隷的強制労働により厳寒環境下で満足な食事や休養も与えられず、多くの抑留者が死亡し、損害を受けたとして訴訟を提起した。元抑留者に対し1人あたり25万円から最高150万円を一時金として支給する、「戦後強制抑留者に係る問題に関する特別措置法」が、2010（平成22）年に成立した。
【判旨】上告人らが捕虜としてシベリアに抑留されていた当時、抑留国から捕虜に支払うべき貸方残高について捕虜の所属国がこれを決済する責任を負うこと、捕虜の労働による負傷又はその他の身体障害に対する補償請求等は捕虜の所属国に対してすべきこと等を内容とする所論の自国民捕虜補償の原則が、世界の主要国における一般慣行となり、これが法的確信によって支えられていたとはいえないとした原審の判断は、正当として是認することができる。

第3章

国内社会と人権保障

第1節　総　　論

　人権とは何か。人権は人が人であるがゆえに当然有している権利である。神や創造主から与えられた権利ではない。権利は普遍性を有している。

　人権の発祥はイギリスであり、1215年のマグナカルタ、1628年の権利請願、1689年の権利章典に見られるイギリスの国民権から出発した。その後、フランス革命やアメリカ諸州の独立を経て、1789年のフランス人権宣言やアメリカ諸州の憲法に見られるように、自由、平等を中心とする人権の観念が確立していく。近代憲法において人権保障はあったが、資本主義の発達に伴い社会的経済的弱者が現れ、その救済のため社会権が確立していった。1919年のワイマール憲法にその特徴が見られる。第二次世界大戦後はそれまで国内問題だとされていた人権が大戦中の人権侵害がきっかけで国際社会の問題となり、人権の国際化が見られた。具体的には1948年の世界人権宣言、1966年の国際人権規約（社会権規約および自由権規約）、人種差別撤廃条約などが採択された。

　日本国憲法において保障されている人権は、包括的基本権13条、法の下の平等14条、自由権、受益権、参政権、社会権に分類することができる。

　自由権は「国家からの自由」と呼ばれ、精神的自由権、経済的自由権、人身の自由に分類することができる。

　受益権は国務請求権とも呼ばれ、国家に対して行為を請求する権利である。

　参政権は「国家への自由」と呼ばれ、国民が国政へ参加する権利である。

社会権は「国家による自由」と呼ばれ、資本主義の高度化に伴って貧富の差が生じ、社会的、経済的弱者を守るためにできた権利である。ただし、憲法の規定を根拠に裁判所に権利の実現を訴えることはできない。

1. 人権の享有主体

日本国憲法第3章は「国民の権利及び義務」となっていて日本国民にだけ保障される権利および義務を規定する。ゆえに日本国民以外は人権が保障されないのかという問題が生じる。なお、日本国民の要件は国籍法2条で定められ、父母両系血統主義をとっている。次にその他の人権享有主体について述べる。

1) 天皇・皇族

天皇、皇族は日本国民であるが、基本的人権に一定の制限がある。たとえば、天皇、皇族には戸籍がなく参政権がない。天皇・皇族は住民基本台帳に登録されていない。また、婚姻の自由、言論の自由、財産権も制限される。婚姻については、立后および皇族男子の婚姻は皇室会議の議を経なければならない（皇室典範10条）。

2) 法　　人

人は、民法上、自然人と法人に分類される。法人の人権については八幡製鉄事件をあげることができる。

八幡製鉄事件（最大判昭和45.6.24）
【事案の概要】八幡製鉄（現在合併後の新日鉄）の代表取締役が自由民主党に政治献金を行った。それに対し、株主が株主代表訴訟を提起した。
【判旨】憲法第3章に定める国民の権利および義務の各条項は、性質上可能なかぎり、内国の法人にも適用されるものと解すべきであるから、会社は自然人たる国民と同様、国や政党の特定の政策を支持、推進または反対するなどの政治的行為をなす自由を有するのである。

---

3) 未 成 年 者

未成年者は心身の発達途上にあるので参政権の制限（憲法15条3項）、行為能力の制限（民法4条、6条）などを受ける。また、喫煙の自由や飲酒の自由に対し一定の制約を受ける（未成年者喫煙禁止法および未成年者飲酒禁止法）。

4) 外　国　人

日本国籍を有していない外国人に基本的人権は保障されるであろうか。

(1) 政治活動の自由

外国人の政治活動の自由を認めた判決のリーディングケースとしてマクリーン事件がある。

> **マクリーン事件（最大判昭和53.10.4）**
> 【事案の概要】アメリカ国籍のマクリーン氏は1年間の在留更新の申請を法務大臣にしたところ4ヶ月の更新しか認められなかった。4ヶ月を超える更新の不許可処分に対し、取消訴訟を提起した。マクリーン氏は日本に滞在中ベトナム反戦運動などの政治活動を行っており、不許可処分の理由として滞在中の無届転職および政治活動があげられていた。
> 【判旨】憲法22条1項は、日本国内における居住・移転の自由を保障する旨を規定するにとどまり、外国人がわが国に入国することについてはなんら規定していないものであり、このことは、国際慣習法上、国家は外国人を受け入れる義務を負うものではなく、特別の条約がない限り、外国人を自国内に受け入れるかどうか、また、これを受け入れる場合にいかなる条件を付するかを、当該国家が自由に決定することができるものとされていることと、その考えを同じくするものと解される（最高裁昭和29年（あ）第3594号同32年6月19日大法廷判決・刑集11巻6号1663頁参照）。
> 　憲法第3章の諸規定による基本的人権の保障は、権利の性質上日本国民のみをその対象としていると解されるものを除き、わが国に在留する外国人に対しても等しく及ぶものと解すべきであり、政治活動の自由についても、わが国の政治的意思決定又はその実施に影響を及ぼす活動等外国人の地位にかんがみこれを認めることが相当でないと解されるものを除き、その保障が及ぶものと解するのが、相当である。しかしながら、前述のように、外国人の在留の許否は国の裁量にゆだねられ、わが国に在留する外国人は、憲法上わが国に在留する権利ないし引き続き在留することを要求することができる権利を保障されているものではなく、ただ、出入国管理令上法務大臣がその裁量により更新を適当と認めるに足りる相当の理由があると判断する場合に限り在留期間の更新を受けることができる地位を与えられているにすぎないものであり、したがつて、外国人に対する憲法の基本的人権の保障は、右のような外国人在留制度のわく内で与えられているにすぎないものと解するのが相当であつて、在留の許否を決する国の裁量を拘束するまでの保障、すなわち、在留期間中の憲法の基本的人権の保障を受ける行為を在留期間の更新の際に消極的な事情としてしんしやくされないことまでの保障が与えられているものと解することはできない。

(2) 参　政　権

日本国憲法は、15条1項で「公務員を選定し、及びこれを罷免することは、国民固有の権利である」とし、43条1項で「両議院は、全国民を代表する選挙された議員でこれを組織する」としている。

参政権は国の政治に国民が参加する権利であるので、国政レベルでは外国人には保障されない。ただし、地方公共団体レベルでは、定住外国人に法律で選挙権を付与することは憲法上禁止されていないとする判決がある。

判決（最判平成5.2.26）中の昭和53年10月4日大法廷判決とはマクリーン事件判決のことである。

外国人参政権（国政レベル）訴訟（最判平成5.2.26）
【事案の概要】公職選挙法9条1項は「日本国民で年齢満20年以上の者は、衆議院議員および参議院議員の選挙権を有する」と規定する。イギリス国籍を有するが永住権を有しているアラン氏が平成元年の参議院議員選挙に投票できなかったのは憲法14条および15条1項に反するとして、国家賠償を求めたものである。
【判旨】国会議員の選挙権を有する者を日本国民に限っている公職選挙法9条1項の規定が憲法15条、14条の規定に違反するものでないことは、最高裁昭和50年（行ツ）第120号同53年10月4日大法廷判決・民集32巻7号1233頁の趣旨に徴して明らかであり、これと同旨の原審の判断は、正当として是認することができる（請求棄却）。

外国人参政権（地方公共団体レベル）訴訟（最判平成7.2.28）
【事案の概要】永住権を有する在日韓国人金氏が地方公共団体の選挙権は憲法上保障されているとして公職選挙法24条に基づき選挙人名簿に登録することを求めたものである。
【判旨】1. 憲法15条1項にいう公務員を選定罷免する権利の保障が我が国に在留する外国人に対しても及ぶものと解すべきか否かについて考えると、憲法の右規定は、国民主権の原理に基づき、公務員の終局的任免権が国民に存することを表明したものにほかならないところ、主権が「日本国民」に存するものとする憲法前文及び1条の規定に照らせば、憲法の国民主権の原理における国民とは、日本国民すなわち我が国の国籍を有する者を意味することは明らかである。そうとすれば、公務員を選定罷免する権利を保障した憲法15条1項の規定は、権利の性質上日本国民のみをその対象とし、右規定による権利の保障は、我が国に

> 在留する外国人には及ばないものと解するのが相当である。そして、地方自治について定める憲法第8章は、93条2項において、地方公共団体の長、その議会の議員及び法律の定めるその他の吏員は、その地方公共団体の住民が直接これを選挙するものと規定しているのであるが、前記の国民主権の原理及びこれに基づく憲法15条1項の規定の趣旨に鑑み、地方公共団体が我が国の統治機構の不可欠の要素を成すものであることをも併せ考えると、憲法93条2項にいう「住民」とは、地方公共団体の区域内に住所を有する日本国民を意味するものと解するのが相当であり、右規定は、我が国に在留する外国人に対して、地方公共団体の長、その議会の議員等の選挙の権利を保障したものということはできない。
> 2. 憲法第8章の地方自治に関する規定は、民主主義社会における地方自治の重要性に鑑み、住民の日常生活に密接な関連を有する公共的事務は、その地方の住民の意思に基づきその区域の地方公共団体が処理するという政治形態を憲法上の制度として保障しようとする趣旨に出たものと解されるから、我が国に在留する外国人のうちでも永住者等であってその居住する区域の地方公共団体と特段に緊密な関係を持つに至ったと認められるものについて、その意思を日常生活に密接な関連を有する地方公共団体の公共的事務の処理に反映させるべく、法律をもって、地方公共団体の長、その議会の議員等に対する選挙権を付与する措置を講ずることは、憲法上禁止されているものではないと解するのが相当である。しかしながら、右のような措置を講ずるか否かは、専ら国の立法政策にかかわる事柄であって、このような措置を講じないからといって違憲の問題を生ずるものではない。

　公務就任権については「公権力の行使または国家意思の形成への参画に携わる公務員」は日本国民に限定されるとする政府公定解釈がある。最近、地方公共団体においては国籍条項を外すところが増えている。
　(3) 外国人の再入国の自由
　入国の自由は国際慣習法から外国人に保障されない。外国人に再入国の自由があるかどうかをめぐる判例が森川キャサリーン事件であり、外国人に再入国の自由は保障されていないとした。

> **森川キャサリーン事件（最判平成4.11.16）**
> 【事案の概要】定住外国人である森川キャサリーンが再入国を申請したところ外国人登録法に基づく指紋押捺を拒否したという理由で法務大臣によって再入国が許可されなかった。不許可処分に対し、その取消および国家賠償を求めた。

【判旨】我が国に在留する外国人は、憲法上、外国へ一時旅行する自由を保障されているものでないことは、当裁判所大法廷判決（最高裁昭和29年（あ）第3594号同32年6月19日判決・刑集11巻6号1663頁、昭和50年（行ツ）第120号同53年10月4日判決・民集32巻7号1223頁）の趣旨に徴して明らかである。以上と同旨の原審の判断は、正当として是認することができ、原判決に所論の違憲はない。

　外国人登録法に基づく外国人の指紋押捺制度については最判平成7.12.15によって憲法13条に違反しないとする判断が出されが、その後、指紋押捺制度は外国人登録法の改正によって2000（平成12）年4月1日に廃止された。

2. 特別な法律関係による人権

　被拘禁者、学生、公務員は人権に関して特別な法律関係にあるといわれる。
　「よど号」ハイジャック記事抹消事件判決では、新聞記事の閲読を許すことにより監獄内の規律および秩序の維持にとって障害が生じる相当の蓋然性があることが必要であるとし、抹消処分は適法だとした。

「よど号」ハイジャック記事抹消事件（最大判昭和58.6.22）
【事案の概要】拘留中の原告が読売新聞を私費で定期購読していたが、日航機「よど号」ハイジャック事件の記事を当時の監獄法令に基づく「犯罪の手段、方法等を詳細に伝えたもの」に当たるとして黒塗りにした後、配布したところ新聞の閲覧制限は憲法19条、21条に違反するとして国家賠償を求めた。
【判旨】およそ各人が、自由に、さまざまな意見、知識、情報に接し、これを摂取する機会をもつことは、その者が個人として自己の思想及び人格を形成・発展させ、社会生活の中にこれを反映させていくうえにおいて欠くことのできないものであり、また、民主主義社会における思想及び情報の自由な伝達、交流の確保という基本的原理を真に実効あるものたらしめるためにも、必要なところである。それゆえ、これらの意見、知識、情報の伝達の媒体である新聞紙、図書等の閲読の自由が憲法上保障されるべきことは、思想及び良心の自由の不可侵を定めた憲法19条の規定や、表現の自由を保障した憲法21条の規定の趣旨、目的から、いわばその派生原理として当然に導かれるところであり、また、すべて国民は個人として尊重される旨を定めた憲法13条の規定の趣旨に沿うゆえんでもあると考えられる。しかしながら、このような閲読の自由は、生活のさまざまな場面にわたり、極めて広い範囲に及ぶものであつて、もとより上告人らの主張するよう

にその制限が絶対に許されないものとすることはできず、それぞれの場面において、これに優越する公共の利益のための必要から、一定の合理的制限を受けることがあることもやむをえないものといわなければならない。そしてこのことは、閲読の対象が新聞紙である場合でも例外ではない。この見地に立つて考えると、本件におけるように、未決勾留により監獄に拘禁されている者の新聞紙、図書等の閲読の自由についても、逃亡及び罪証隠滅の防止という勾留の目的のためのほか、前記のような監獄内の規律及び秩序の維持のために必要とされる場合にも、一定の制限を加えられることはやむをえないものとして承認しなければならない。しかしながら、未決勾留は、前記刑事司法上の目的のために必要やむをえない措置として一定の範囲で個人の自由を拘束するものであり、他方、これにより拘禁される者は、当該拘禁関係に伴う制約の範囲外においては、原則として一般市民としての自由を保障されるべき者であるから、監獄内の規律及び秩序の維持のためにこれら被拘禁者の新聞紙、図書等の閲読の自由を制限する場合においても、それは、右の目的を達するために真に必要と認められる限度にとどめられるべきものである。したがつて、右の制限が許されるためには、当該閲読を許すことにより右の規律及び秩序が害される一般的、抽象的なおそれがあるというだけでは足りず、被拘禁者の性向、行状、監獄内の管理、保安の状況、当該新聞紙、図書等の内容その他の具体的事情のもとにおいて、その閲読を許すことにより監獄内の規律及び秩序の維持上放置することのできない程度の障害が生ずる相当の蓋然性があると認められることが必要であり、かつ、その場合においても、右の制限の程度は、右の障害発生の防止のために必要かつ合理的な範囲にとどまるべきものと解するのが相当である。

3. 私人間における人権の保障

　日本国憲法における基本的人権の保障は国家対個人の関係である。すなわち国家による個人への人権侵害を防止することである。私人間に憲法の人権保障の規定が適用されることはなかった。ところが近年、マスメディアや私企業などが社会的権力として個人の人権を侵害する場合が見られた。
　私人間に憲法の基本的人権の保障規定が適用されるのかについて、直接適用説と間接適用説がある。直接適用説は自由権などの人権規定は直接、私人間にも適用できるとする。間接適用説は、私法の一般条項（民法90条など）を解釈・適用する場合に憲法の趣旨を取り込むことによって、間接的に私人間に憲法の基本的人権の保障規定を適用しようとするものである。判例は間接適用説をとっている。

三菱樹脂事件判決は間接適用説を採用したリーディングケースであり、昭和女子大事件判決でも間接適用説の考え方がとられている。

三菱樹脂事件（最大判昭和48.12.12）
【事案の概要】東北大学を卒業生は三菱樹脂株式会社に採用されたが、入社試験の際に学生時代の学生運動歴や生協の理事に就任していたことを隠して、虚偽の申告をしたとして試用期間後、本採用を拒否された。卒業生は三菱樹脂株式会社に対し労働契約関係の存在確認訴訟を起こした。憲法14条および19条が私人間の関係を直接規律するかどうかが問題となった。
【判旨】憲法の右各規定は、同法第3章のその他の自由権的基本権の保障規定と同じく、国または公共団体の統治行動に対して個人の基本的な自由と平等を保障する目的に出たもので、もつぱら国または公共団体と個人との関係を規律するものであり、私人相互の関係を直接規律することを予定するものではない。
　私的支配関係においては、個人の基本的な自由や平等に対する具体的な侵害またはそのおそれがあり、その態様、程度が社会的に許容しうる限度を超えるときは、これに対する立法措置によつてその是正を図ることが可能であるし、また、場合によつては、私的自治に対する一般的制限規定である民法1条、90条や不法行為に関する諸規定等の適切な運用によつて、一面で私的自治の原則を尊重しながら、他面で社会的許容性の限度を超える侵害に対し基本的な自由や平等の利益を保護し、その間の適切な調整を図る方途も存するのである。そしてこの場合、個人の基本的な自由や平等を極めて重要な法益として尊重すべきことは当然であるが、これを絶対視することも許されず、統治行動の場合と同一の基準や観念によつてこれを律することができないことは、論をまたないところである。
　憲法は、思想、信条の自由や法の下の平等を保障すると同時に、他方、22条、29条等において、財産権の行使、営業その他広く経済活動の自由をも基本的人権として保障している。それゆえ、企業者は、かような経済活動の一環としてする契約締結の自由を有し、自己の営業のために労働者を雇傭するにあたり、いかなる者を雇い入れるか、いかなる条件でこれを雇うかについて、法律その他による特別の制限がない限り、原則として自由にこれを決定することができるのであつて、企業者が特定の思想、信条を有する者をそのゆえをもつて雇い入れることを拒んでも、それを当然に違法とすることはできないのである。

昭和女子大事件（最判昭和49.7.19）
【事案の概要】昭和女子大学は大学の指導精神に基づき「生活要録」を定めていた。学生は「生活要録」に反して無届けで破壊活動防止法反対署名運動を行い、また

民青同盟という政治団体に加入していた。大学側が政治団体から離脱するように求めたところ、学生がマスコミにこのことを公表したため、大学側は学則違反として学生を退学処分にした。学生は地位確認訴訟を提起した。
【判旨】右生活要録の規定は、その文言に徴しても、被上告人大学の学生の選挙権若しくは請願権の行使又はその教育を受ける権利と直接かかわりのないものであるから、所論のうち右規定が憲法15条、16条及び26条に違反する旨の主張は、その前提において既に失当である。また、憲法19条、21条、23条等のいわゆる自由権的基本権の保障規定は、国又は公共団体の統治行動に対して個人の基本的な自由と平等を保障することを目的とした規定であつて、専ら国又は公共団体と個人との関係を規律するものであり、私人相互間の関係について当然に適用ないし類推適用されるものでないことは、当裁判所大法廷判例（昭和43年（オ）第932号同48年12月12日判決・裁判所時報632号4頁）の示すところである。したがつて、その趣旨に徴すれば、私立学校である被上告人大学の学則の細則としての性質をもつ前記生活要録の規定について直接憲法の右基本権保障規定に違反するかどうかを論ずる余地はないものというべきである。

大学は、国公立であると私立であるとを問わず、学生の教育と学術の研究を目的とする公共的な施設であり、法律に格別の規定がない場合でも、その設置目的を達成するために必要な事項を学則等により一方的に制定し、これによつて在学する学生を規律する包括的権能を有するものと解すべきである。特に私立学校においては、建学の精神に基づく独自の伝統ないし校風と教育方針とによつて社会的存在意義が認められ、学生もそのような伝統ないし校風と教育方針のもとで教育を受けることを希望して当該大学に入学するものと考えられるのであるから、右の伝統ないし校風と教育方針を学則等において具体化し、これを実践することが当然認められるべきであり、学生としてもまた、当該大学において教育を受けるかぎり、かかる規律に服することを義務づけられるものといわなければならない。

4. 包括的基本権

日本国憲法13条が、日本国憲法に規定されていない新しい人権の根拠として主張されることがある。しかし、今日、判例で認められたのはプライバシー権、肖像権、自己決定権である。たとえば、環境訴訟で主張される環境権や景観権はいまだ最高裁の判例で認められていない。憲法に書いていない権利を裁判所が認めるのであるから慎重であるべきである。

1）プライバシー権

プライバシー権はアメリカにおいて発達してきた考え方であり、初期には、

「一人で放っておいてもらう権利」（The right to be let alone）とされていたが時代の変遷とともに「私生活をみだりに公開されない権利」そして高度情報社会の現在「自己に関する情報をコントロールする権利」へと発達した。

　プライバシー権の中に含まれる権利として、判例で肖像権や自己決定権が認められている。

　「宴のあと」事件判決および江沢民講演会名簿提出事件ではプライバシー権が認められている。

　「宴のあと」事件は「私生活をみだりに公開されない権利」に関する判例である。判決後、原告と被告の間で和解が成立している。現在、『宴のあと』は出版されている。

> 「宴のあと」事件（東京地判昭和39.9.28）
> 【事案の概要】三島由紀夫の『宴のあと』という小説の中に元外務大臣と妻の私生活を覗いた記述があり、これがプライバシー権の侵害だとされ、三島由紀夫と新潮社に謝罪広告と損害賠償を請求した。その後和解が成立した。
> 【判旨】私事をみだりに公開されないという保障が、今日のマスコミユニケーションの発達した社会では個人の尊厳を保ち幸福の追求を保障するうえにおいて必要不可欠なものであるとみられるに至つていることとを合わせ考えるならば、その尊重はもはや単に倫理的に要請されるにとどまらず、不法な侵害に対しては法的救済が与えられるまでに高められた人格的な利益であると考えるのが正当であり、それはいわゆる人格権に包摂されるものではあるけれども、なおこれを一つの権利と呼ぶことを妨げるものではないと解するのが相当である。

　「自己に関する情報をコントロールする権利」に関する判例として江沢民講演会名簿提出事件がある。

> 江沢民講演会名簿提出事件（最判平成15.9.12）
> 【事案の概要】早稲田大学で江沢民中国国家主席の講演会が開催されることになり、警察からの要請で参加希望者の学籍番号、氏名、住所、電話番号を記載した名簿を前もって大学側が提出した。そこで参加学生がプライバシー権の侵害であるとして損害賠償を請求した訴訟である。
> 【判旨】個人の人格的な権利利益を損なうおそれのあるものであるから、慎重に

取り扱われる必要がある。本件講演会の主催者として参加者を募る際に上告人らの本件個人情報を収集した早稲田大学は、上告人らの意思に基づかずにみだりにこれを他者に開示することは許されないというべきであるところ、同大学が本件個人情報を警察に開示することをあらかじめ明示した上で本件講演会参加希望者に本件名簿へ記入させるなどして開示について承諾を求めることは容易であったものと考えられ、それが困難であった特別の事情がうかがわれない本件においては、本件個人情報を開示することについて上告人らの同意を得る手続を執ることなく、上告人らに無断で本件個人情報を警察に開示した同大学の行為は、上告人らが任意に提供したプライバシーに係る情報の適切な管理についての合理的な期待を裏切るものであり、上告人らのプライバシーを侵害するものとして不法行為を構成するというべきである。

2) 肖像権

肖像権は、その承諾なしに、みだりにその容ぼう・姿態を撮影されない権利であり、プライバシー権の一部である。

京都府学連事件（最大判昭和44.12.24）
【事案の概要】京都府学連主催のデモに参加していた立命館大学の学生が令状・同意なしに写真撮影を行った警察官に傷害を負わせ、傷害罪および公務執行妨害罪で起訴された刑事事件である。被告人は写真撮影が肖像権の侵害だと主張した。
【判旨】憲法13条は、「すべて国民は、個人として尊重される。生命、自由及び幸福追求に対する国民の権利については、公共の福祉に反しない限り、立法その他の国政の上で、最大の尊重を必要とする。」と規定しているのであつて、これは、国民の私生活上の自由が、警察権等の国家権力の行使に対しても保護されるべきことを規定しているものということができる。そして、個人の私生活上の自由の一つとして、何人も、その承諾なしに、みだりにその容ぼう・姿態（以下「容ぼう等」という。）を撮影されない自由を有するものというべきである。これを肖像権と称するかどうかは別として、少なくとも、警察官が、正当な理由もないのに、個人の容ぼう等を撮影することは、憲法13条の趣旨に反し、許されないものといわなければならない。しかしながら、個人の有する右自由も、国家権力の行使から無制限に保護されるわけでなく、公共の福祉のため必要のある場合には相当の制限を受けることは同条の規定に照らして明らかである。そして、犯罪を捜査することは、公共の福祉のため警察に与えられた国家作用の一つであり、警察にはこれを遂行すべき責務があるのであるから（警察法2条1項参照）、警察官が犯罪捜査の必要上写真を撮影する際、その対象の中に犯人のみならず第三者

である個人の容ぼう等が含まれても、これが許容される場合がありうるものといわなければならない。

　現に犯罪が行なわれもしくは行なわれたのち間がないと認められる場合であつて、しかも証拠保全の必要性および緊急性があり、かつその撮影が一般的に許容される限度をこえない相当な方法をもつて行なわれるときである。このような場合に行なわれる警察官による写真撮影は、その対象の中に、犯人の容ぼう等のほか、犯人の身辺または被写体とされた物件の近くにいたためこれを除外できない状況にある第三者である個人の容ぼう等を含むことになつても、憲法13条、35条に違反しないものと解すべきである。

　そのほか、「おニャン子クラブ」に属するタレントの肖像、氏名を無断でカレンダーに使用・販売した業者に対して、氏名・肖像使用権の侵害を理由に、カレンダーの製造販売の差止と損害賠償請求を行った「おニャン子クラブ」事件（東京高判平成3.9.26）がある。

3）自己決定権

　自己決定権とは服装や髪型などのライフスタイルを決める自由、治療方法を選択する自由、妊娠や避妊の選択の自由などを指す。憲法13条の幸福追求権が根拠となっている。

　「エホバの証人」輸血事件判決では、人格権の一内容としての自己決定権が認められた。

「エホバの証人」輸血事件（最判平成12.2.29）
【事案の概要】東大付属病院の医師が「エホバの証人」の信者の同意を得ることなく輸血を行った。「エホバの証人」は信仰における理由から輸血を拒む。信者は病院に対し損害賠償の請求を行った。
【判旨】本件において、A医師らが、Tの肝臓の腫瘍を摘出するために、医療水準に従った相当な手術をしようとすることは、人の生命及び健康を管理すべき業務に従事する者として当然のことであるということができる。しかし、患者が、輸血を受けることは自己の宗教上の信念に反するとして、輸血を伴う医療行為を拒否するとの明確な意思を有している場合、このような意思決定をする権利は、人格権の一内容として尊重されなければならない。そして、Tが、宗教上の信念からいかなる場合にも輸血を受けることは拒否するとの固い意思を有しており、輸血を伴わない手術を受けることができると期待して医科研に入院したことをA

医師らが知っていたなど本件の事実関係の下では、A医師らは、手術の際に輸血以外には救命手段がない事態が生ずる可能性を否定し難いと判断した場合には、Tに対し、医科研としてはそのような事態に至ったときには輸血するとの方針を採っていることを説明して、医科研への入院を継続した上、A医師らの下で本件手術を受けるか否かをT自身の意思決定にゆだねるべきであったと解するのが相当である。

4）環 境 権

環境権も憲法13条を根拠に主張されている。環境権は私法上の権利として最初、1970（昭和45）年に大阪弁護士会の報告書の中で提唱され、「良好な環境を享受する権利」と定義された。1972年に開催された国連人間環境会議で採択された人間環境宣言は、「人は、その生活において尊厳と福利を保つことができる環境で、自由、平等および十分な生活水準を享受する基本的権利を有するとともに、現在および将来の世代のため環境を保護し改善する厳粛な責任を負う」と規定する（人間環境宣言第一原則）。環境基本法3条にも環境権に近い考え方が規定されている。

これまで、最高裁の判決で環境権が認められた例はない。なぜなら環境権の内容が不明確であり、環境権によらなくても人格権による救済が可能だからである。リーディングケースである大阪国際空港騒音訴訟の最高裁判決は環境権には言及していない。損害賠償は認められたが、航空機の離発着差止は認められなかった。

大阪国際空港騒音訴訟（最大判昭和56.12.16）
【事案の概要】1959年に大阪国際空港が開港した。その後、空港周辺の騒音被害が顕著になり、1969年空港周辺の住民が午後9時から午前7時までの空港使用の差止および過去、将来の損害賠償請求を提起した訴訟である。
【判旨】本件空港の離着陸のためにする供用は運輸大臣の有する空港管理権と航空行政権という二種の権限の、総合的判断に基づいた不可分一体的な行使の結果であるとみるべきであるから、右被上告人らの前記のような請求は、事理の当然として、不可避的に航空行政権の行使の取消変更ないしその発動を求める請求を包含することとなるものといわなければならない。したがつて、右被上告人らが行政訴訟の方法により何らかの請求をすることができるかどうかはともかくとし

て、上告人に対し、いわゆる通常の民事上の請求として前記のような私法上の給付請求権を有するとの主張の成立すべきいわれはないというほかはない。
　以上のとおりであるから、前記被上告人らの本件訴えのうち、いわゆる狭義の民事訴訟の手続により一定の時間帯につき本件空港を航空機の離着陸に使用させることの差止めを求める請求にかかる部分は、不適法というべきである。
　国家賠償法2条1項の営造物の設置又は管理の瑕疵とは、営造物が有すべき安全性を欠いている状態をいうのであるが、そこにいう安全性の欠如、すなわち、他人に危害を及ぼす危険性のある状態とは、ひとり当該営造物を構成する物的施設自体に存する物理的、外形的な欠陥ないし不備によつて一般的に右のような危害を生ぜしめる危険性がある場合のみならず、その営造物が供用目的に沿つて利用されることとの関連において危害を生ぜしめる危険性がある場合をも含み、また、その危害は、営造物の利用者に対してのみならず、利用者以外の第三者に対するそれをも含むものと解すべきである。すなわち、当該営造物の利用の態様及び程度が一定の限度にとどまる限りにおいてはその施設に危害を生ぜしめる危険性がなくても、これを超える利用によつて危害を生ぜしめる危険性がある状況にある場合には、そのような利用に供される限りにおいて右営造物の設置、管理には瑕疵があるというを妨げず、したがつて、右営造物の設置・管理者において、かかる危険性があるにもかかわらず、これにつき特段の措置を講ずることなく、また、適切な制限を加えないままこれを利用に供し、その結果利用者又は第三者に対して現実に危害を生ぜしめたときは、それが右設置・管理者の予測しえない事由によるものでない限り、国家賠償法2条1項の規定による責任を免れることができないと解されるのである。

5）景　観　権

　景観権も環境権と同様に憲法13条を根拠に主張されている。国立マンション訴訟では景観利益が認められたが、環境権と同様に景観権という権利としては認められなかった。

国立マンション訴訟（最判平成 18.3.30）
【事案の概要】国立市は1998（平成10）年に「都市景観形成条例」を制定し、市の指定した「都市景観形成重点地区」内の高さ20m以上の建築物を対象として、その形状・色彩などを建築の際に、市と事前協議するよう定めた。JR国立駅から南にまっすぐに延びる通称「大学通り」にある、明和地所による高層マンション建設に反対する住民らが、明和地所に対して、高さ20mを超える部

分は違法であるとして、撤去を求める建築物撤去等請求訴訟を提起した。
【判旨】良好な景観に近接する地域内に居住し、その恵沢を日常的に享受している者は、良好な景観が有する客観的な価値の侵害に対して密接な利害関係を有するものというべきであり、これらの者が有する良好な景観の恵沢を享受する利益（以下「景観利益」という。）は、法律上保護に値するものと解するのが相当である。

もっとも、この景観利益の内容は、景観の性質、態様等によって異なり得るものであるし、社会の変化に伴って変化する可能性のあるものでもあるところ、現時点においては、私法上の権利といい得るような明確な実体を有するものとは認められず、景観利益を超えて「景観権」という権利性を有するものを認めることはできない。

ある行為が景観利益に対する違法な侵害に当たるといえるためには、少なくとも、その侵害行為が刑罰法規や行政法規の規制に違反するものであったり、公序良俗違反や権利の濫用に該当するものであるなど、侵害行為の態様や程度の面において社会的に容認された行為としての相当性を欠くことが求められると解するのが相当である。

5. 法の下の平等

平等は社会通念から見て合理的な差別は認められるとする相対的平等であり、絶対的平等を指すものではない。たとえば、未成年者に対しては心身の発育を阻害するという理由から飲酒や喫煙が法律で禁止されている。また、制限能力者として行為能力（単独で法律行為を行うことができる能力）の制限がある。

憲法14条の「社会的身分」について判例は、「人が社会において一時的にではなしに占める地位」と解している。また、門地は「家柄」を指す。

社会的身分である嫡出子（法律上の婚姻関係にある男女の間に生まれた子）および非嫡出子（法律上の婚姻関係にない男女の間に生まれた子）に関する以下の判例がある。

非嫡出子相続分訴訟（最大決平成25.9.4）
【事案の概要】2001（平成13）年7月に死亡したAの遺産につき、Aの嫡出である子らが、Aの嫡出でない子らに対して、遺産の分割の審判を申し立てた事件であり、憲法14条に違反しているかどうかが問題となった。平成7年大法廷決定を変更し、違憲の判断を出した。

【決定要旨】相続制度は、被相続人の財産を誰に、どのように承継させるかを定めるものであるが、相続制度を定めるに当たっては、それぞれの国の伝統、社会事情、国民感情なども考慮されなければならない。さらに、現在の相続制度は、家族というものをどのように考えるかということと密接に関係しているのであって、その国における婚姻ないし親子関係に対する規律、国民の意識等を離れてこれを定めることはできない。これらを総合的に考慮した上で、相続制度をどのように定めるかは、立法府の合理的な裁量判断に委ねられているものというべきである。この事件で問われているのは、このようにして定められた相続制度全体のうち、本件規定により嫡出子と嫡出でない子との間で生ずる法定相続分に関する区別が、合理的理由のない差別的取扱いに当たるか否かということであり、立法府に与えられた上記のような裁量権を考慮しても、そのような区別をすることに合理的な根拠が認められない場合には、当該区別は、憲法14条1項に違反するものと解するのが相当である。

2013（平成25）年12月5日、民法の一部を改正する法律が成立し、12月11日に施行された。嫡出でない子の相続分を嫡出子の相続分の2分の1と定めた部分（900条4号ただし書前半部分）が削除された。

刑法において法の下の平等が争点となった尊属殺重罰規定訴訟については前述の通り（本書第1章第1節）。

民法733条の再婚禁止期間の規定は女子だけに適用され、法の下の平等に反するという意見があった。また、DNA鑑定などの科学技術の発達によって本規定は実質上無意味だという意見もあった。以下の最高裁判決を受けて、2016（平成28）年6月1日、民法の規定が改正され再婚禁止期間が100日に短縮された。

再婚禁止期間訴訟（最大判平成27.12.16）
【事案の概要】民法733条は女性にのみ6ヶ月の再婚禁止期間を設けている。本件は憲法14条1項および24条2項に違反すると主張し、本件規定を改廃する立法措置をとらなかった立法不作為の違法を理由に、国家賠償法1条1項に基づき損害賠償を求めた事件である。
【判旨】民法772条は、婚姻の成立の日から200日を経過した後又は婚姻の解消等の日から300日以内に生まれた子を当該婚姻に係る夫の子と推定していることから、前婚の解消等の日から300日以内で、かつ、後婚の成立から200

日の経過後に子が生まれる事態を避ければ父性の推定の重複を回避することができる。そのためには、100日の再婚禁止期間を設ければ足りるから、少なくとも、本件規定のうち100日を超えて再婚禁止期間を設ける部分（以下「100日超過部分」という。）は、女性に対し婚姻の自由の過剰な制約を課すものであり、合理性がない。
　本件規定の立法目的は、父性の推定の重複を回避し、もって父子関係をめぐる紛争の発生を未然に防ぐことにあると解されるところ、民法772条2項は、「婚姻の成立の日から200日を経過した後又は婚姻の解消若しくは取消しの日から300日以内に生まれた子は、婚姻中に懐胎したものと推定する。」と規定して、出産の時期から逆算して懐胎の時期を推定し、その結果婚姻中に懐胎したものと推定される子について、同条1項が「妻が婚姻中に懐胎した子は、夫の子と推定する。」と規定している。そうすると、女性の再婚後に生まれる子については、計算上100日の再婚禁止期間を設けることによって、父性の推定の重複が回避されることになる。夫婦間の子が嫡出子となることは婚姻による重要な効果であるところ、嫡出子について出産の時期を起点とする明確で画一的な基準から父性を推定し、父子関係を早期に定めて子の身分関係の法的安定を図る仕組みが設けられた趣旨に鑑みれば、父性の推定の重複を避けるため上記の100日について一律に女性の再婚を制約することは、婚姻及び家族に関する事項について国会に認められる合理的な立法裁量の範囲を超えるものではなく、上記立法目的との関連において合理性を有するものということができる。
　よって、本件規定のうち100日の再婚禁止期間を設ける部分は、憲法14条1項にも、憲法24条2項にも違反するものではない。

　一票の価値の平等を求めてこれまで多くの訴訟が提起されている（表3-1）。「違憲」と判断した判決と「違憲状態」と判断した判決に分かれるが、「違憲」と判断された最初の最高裁判決を取り上げる。選挙の効力については行政事件訴訟法31条に基づく事情判決の考え方を示した。事情判決とは、行政処分を取り消すと著しく公益を害する事情がある場合、請求を棄却できるという行政事件訴訟法上の制度である。

表 3-1　衆議院・参議院議員選挙をめぐる司法判断（違憲または違憲状態）

選挙年	判決日	判決内容	格差
1972 年衆議院選挙	昭和 51.4.14	違憲	4.99
1980 年衆議院選挙	昭和 58.11.7	違憲状態	3.94
1983 年衆議院選挙	昭和 60.7.17	違憲	4.40
1990 年衆議院選挙	平成 5.1.20	違憲状態	3.18
1992 年参議院選挙	平成 8.9.11	違憲状態	6.59
2009 年衆議院選挙	平成 23.3.23	違憲状態	2.304
2010 年参議院選挙	平成 24.10.17	違憲状態	5.00
2012 年衆議院選挙	平成 25.11.20	違憲状態	2.425
2013 年参議院選挙	平成 26.11.26	違憲状態	4.77
2014 年衆議院選挙	平成 27.11.25	違憲状態	2.129

議員定数不均衡訴訟（最大判昭和 51.4.14）

【事案の概要】1972（昭和 47）年に行われた衆議院議員選挙に関し、各選挙区間の議員 1 人あたりの有権者分布差比率は最大 4.99：1 となった。一票の価値の平等を求めて選挙無効訴訟が提起された。

【判旨】思うに、衆議院議員の選挙について、右のように全国を多数の選挙区に分け、各選挙区に議員定数を配分して選挙を行わせる制度をとる場合において、具体的に、どのように選挙区を区分し、そのそれぞれに幾人の議員を配分するかを決定するについては、各選挙区の選挙人数又は人口数（厳密には選挙人数を基準とすべきものと考えられるけれども、選挙人数と人口数とはおおむね比例するとみてよいから、人口数を基準とすることも許されるというべきである。それ故、以下においては、専ら人口数を基準として論ずることとする。）と配分議員定数との比率の平等が最も重要かつ基本的な基準とされるべきことは当然であるとしても、それ以外にも、実際上考慮され、かつ、考慮されてしかるべき要素は、少なくない。殊に、都道府県は、それが従来わが国の政治及び行政の実際において果たしてきた役割や、国民生活及び国民感情の上におけるその比重にかんがみ、選挙区割の基礎をなすものとして無視することのできない要素であり、また、これらの都道府県を更に細分するにあたつては、従来の選挙の実績や、選挙区としてのまとまり具合、市町村その他の行政区画、面積の大小、人口密度、住民構成、交通事情、地理的状況等諸般の要素を考慮し、配分されるべき議員数との関連を勘案しつつ、具体的な決定がされるものと考えられるのである。更にまた、社会の急激な変化や、その一つのあらわれとしての人口の都市集中化の現象などが生じた場合、これをどのように評価し、前述した政治における安定の要請をも考慮しながら、これを選挙区割や議員定数配分にどのように反映させるかも、国会に

おける高度に政策的な考慮要素の一つであることを失わない。
　このように、衆議院議員の選挙における選挙区割と議員定数の配分の決定には、極めて多種多様で、複雑微妙な政策的及び技術的考慮要素が含まれており、それらの諸要素のそれぞれをどの程度考慮し、これを具体的決定にどこまで反映させることができるかについては、もとより厳密に一定された客観的基準が存在するわけのものではないから、結局は、国会の具体的に決定したところがその裁量権の合理的な行使として是認されるかどうかによつて決するほかはなく、しかも事の性質上、その判断にあたつては特に慎重であることを要し、限られた資料に基づき、限られた観点からたやすくその決定の適否を判断すべきものでないことは、いうまでもない。しかしながら、このような見地に立つて考えても、具体的に決定された選挙区割と議員定数の配分の下における選挙人の投票価値の不平等が、国会において通常考慮しうる諸般の要素をしんしやくしてもなお、一般的に合理性を有するものとはとうてい考えられない程度に達しているときは、もはや国会の合理的裁量の限界を超えているものと推定されるべきものであり、このような不平等を正当化すべき特段の理由が示されない限り、憲法違反と判断するほかはないというべきである。
　そこで考えるのに、行政処分の適否を争う訴訟についての一般法である行政事件訴訟法は、31条1項前段において、当該処分が違法であつても、これを取り消すことにより公の利益に著しい障害を生ずる場合においては、諸般の事情に照らして右処分を取り消すことが公共の福祉に適合しないと認められる限り、裁判所においてこれを取り消さないことができることを定めている。この規定は法政策的考慮に基づいて定められたものではあるが、しかしそこには、行政処分の取消の場合に限られない一般的な法の基本原則に基づくものとして理解すべき要素も含まれていると考えられるのである。もつとも、行政事件訴訟法の右規定は、公選法の選挙の効力に関する訴訟についてはその準用を排除されているが（公選法219条）、これは、同法の規定に違反する選挙はこれを無効とすることが常に公共の利益に適合するとの立法府の判断に基づくものであるから、選挙が同法の規定に違反する場合に関する限りは、右の立法府の判断が拘束力を有し、選挙無効の原因が存在するにもかかわらず諸般の事情を考慮して選挙を無効としない旨の判決をする余地はない。しかしながら、本件のように、選挙が憲法に違反する公選法に基づいて行われたという一般性をもつ瑕疵を帯び、その是正が法律の改正なくしては不可能である場合については、単なる公選法違反の個別的瑕疵を帯びるにすぎず、かつ、直ちに再選挙を行うことが可能な場合についてされた前記の立法府の判断は、必ずしも拘束力を有するものとすべきではなく、前記行政事件訴訟法の規定に含まれる法の基本原則の適用により、選挙を無効とすることによる不当な結果を回避する裁判をする余地もありうるものと解するのが、相当である。

第2節　自由権および社会権

1. 精神的自由権
1）信教の自由

　帝国憲法においても信教の自由は保障されていたが、実質上神道が国家の宗教とされていた。戦後、天皇陛下の人間宣言によって天皇陛下の神格はなくなった。

　信教の自由は何人に対しても保障される（憲法20条1項）。信教の自由は信仰の自由、宗教的行為の自由、宗教的結社の自由で構成される。

　剣道実技拒否事件判決は、学校側の措置は社会観念上著しく妥当を欠く処分であり、裁量権の範囲を超え違法であるとした。

> **剣道実技拒否事件（最判平成 8.3.8）**
> **【事案の概要】** 高等専門学校生 A は必修科目の剣道実技を「エホバの証人」の教義に反するとして拒否した。その結果、退学処分を受けたためその取消を求めて提訴した。
> **【判旨】** 被上告人が剣道実技への参加を拒否する理由は、被上告人の信仰の核心部分と密接に関連する真しなものであった。被上告人は、他の体育種目の履修は拒否しておらず、特に不熱心でもなかったが、剣道種目の点数として 35 点中のわずか 2.5 点しか与えられなかったため、他の種目の履修のみで体育科目の合格点を取ることは著しく困難であったと認められる。したがって、被上告人は、信仰上の理由による剣道実技の履修拒否の結果として、他の科目では成績優秀であったにもかかわらず、原級留置、退学という事態に追い込まれたものというべきであり、その不利益が極めて大きいことも明らかである。
> 　信仰上の真しな理由から剣道実技に参加することができない学生に対し、代替措置として、例えば、他の体育実技の履修、レポートの提出等を求めた上で、その成果に応じた評価をすることが、その目的において宗教的意義を有し、特定の宗教を援助、助長、促進する効果を有するものということはできず、他の宗教者又は無宗教者に圧迫、干渉を加える効果があるともいえないのであって、およそ代替措置を採ることが、その方法、態様のいかんを問わず、憲法 20 条 3 項に違反するということができないことは明らかである。

憲法20条および89条は政教分離を規定している。すなわち、いかなる宗教団体も国から特権を受け、または政治上の権力を行使してはならず、国およびその機関は宗教教育その他いかなる宗教活動もしてはならない。そして公金その他の公の財産は宗教上の組織もしくは団体の使用、便益、もしくは維持のために支出してはならない。

　政教分離の原則に関しては判例で目的効果基準が採用されている。リーディングケースとなったのが津地鎮祭事件である。目的効果基準とは、アメリカの判例で用いられてきた基準で、行為が世俗的目的を持つかどうか、行為の主要な効果が宗教を援助し、または抑圧するものかどうか、行為が宗教との過度の関わりを促すかどうかについて検討し、政教分離違反原則に違反していないかどうかを判断するための基準である。

> **津地鎮祭訴訟（最大判昭和52.7.13）**
> **【事案の概要】** 三重県津市の体育館の起工式が新式の地鎮祭によって行われ、公金が支出された。それに対し住民が憲法20条および89条に違反するとして、地方自治法242条の2に基づく住民訴訟を提起した。
> **【判旨】** 憲法20条3項は、「国及びその機関は、宗教教育その他いかなる宗教的活動もしてはならない。」と規定するが、ここにいう宗教的活動とは、前述の政教分離原則の意義に照らしてこれをみれば、およそ国及びその機関の活動で宗教とのかかわり合いをもつすべての行為を指すものではなく、そのかかわり合いが右にいう相当とされる限度を超えるものに限られるというべきであつて、当該行為の目的が宗教的意義をもち、その効果が宗教に対する援助、助長、促進又は圧迫、干渉等になるような行為をいうものと解すべきである。その典型的なものは、同項に例示される宗教教育のような宗教の布教、教化、宣伝等の活動であるが、そのほか宗教上の祝典、儀式、行事等であつても、その目的、効果が前記のようなものである限り、当然、これに含まれる。そして、この点から、ある行為が右にいう宗教的活動に該当するかどうかを検討するにあたつては、当該行為の主宰者が宗教家であるかどうか、その順序作法（式次第）が宗教の定める方式に則つたものであるかどうかなど、当該行為の外形的側面のみにとらわれることなく、当該行為の行われる場所、当該行為に対する一般人の宗教的評価、当該行為者が当該行為を行うについての意図、目的及び宗教的意識の有無、程度、当該行為の一般人に与える効果、影響等、諸般の事情を考慮し、社会通念に従つて、客観的に判断しなければならない。

津地鎮祭判決では、地鎮祭は、宗教的行事ではなく政教分離原則に反しないとした。

　津地鎮祭訴訟判決でとられた目的効果基準は先例としてその後の判決に影響を与えた。目的効果基準に従って違憲判決を出したのが愛媛玉串料訴訟および空知太神社訴訟である。

> **愛媛玉串料訴訟（最大判平成 9.4.2）**
> 【事案の概要】愛媛県が靖国神社例大祭の玉串料などを公金から支出した。このことに対し住民訴訟が提起された。
> 【判旨】元来、政教分離規定は、いわゆる制度的保障の規定であって、信教の自由そのものを直接保障するものではなく、国家と宗教との分離を制度として保障することにより、間接的に信教の自由の保障を確保しようとするものである。そして、国家が社会生活に規制を加え、あるいは教育、福祉、文化などに関する助成、援助等の諸施策を実施するに当たって、宗教とのかかわり合いを生ずることを免れることはできないから、現実の国家制度として、国家と宗教との完全な分離を実現することは、実際上不可能に近いものといわなければならない。さらにまた、政教分離原則を完全に貫こうとすれば、かえって社会生活の各方面に不合理な事態を生ずることを免れない。これらの点にかんがみると、政教分離規定の保障の対象となる国家と宗教との分離にもおのずから一定の限界があることを免れず、政教分離原則が現実の国家制度として具現される場合には、それぞれの国の社会的・文化的諸条件に照らし、国家は実際上宗教とある程度のかかわり合いを持たざるを得ないことを前提とした上で、そのかかわり合いが、信教の自由の保障の確保という制度の根本目的との関係で、いかなる場合にいかなる限度で許されないこととなるかが問題とならざるを得ないのである。右のような見地から考えると、憲法の政教分離規定の基礎となり、その解釈の指導原理となる政教分離原則は、国家が宗教的に中立であることを要求するものではあるが、国家が宗教とのかかわり合いを持つことを全く許さないとするものではなく、宗教とのかかわり合いをもたらす行為の目的及び効果にかんがみ、そのかかわり合いが我が国の社会的・文化的諸条件に照らし相当とされる限度を超えるものと認められる場合にこれを許さないとするものであると解すべきである。
> 　右の政教分離原則の意義に照らすと、憲法20条3項にいう宗教的活動とは、およそ国及びその機関の活動で宗教とのかかわり合いを持つすべての行為を指すものではなく、そのかかわり合いが右にいう相当とされる限度を超えるものに限られるというべきであって、当該行為の目的が宗教的意義を持ち、その効果が宗教に対する援助、助長、促進又は圧迫、干渉等になるような行為をいうものと解

すべきである。そして、ある行為が右にいう宗教的活動に該当するかどうかを検討するに当たっては、当該行為の外形的側面のみにとらわれることなく、当該行為の行われる場所、当該行為に対する一般人の宗教的評価、当該行為者が当該行為を行うについての意図、目的及び宗教的意識の有無、程度、当該行為の一般人に与える効果、影響等、諸般の事情を考慮し、社会通念に従って、客観的に判断しなければならない。

空知太（そらちぶと）神社訴訟（最大判平成22.1.20）
【事案の概要】 神社施設の敷地として砂川市が所有地を町内会に利用させていたところ、住民が日本国憲法に規定する政教分離の原則に違反するとして住民訴訟（地方自治法242条の2第1項3号）を提起した。

【判旨】 憲法89条は、公の財産を宗教上の組織又は団体の使用、便益若しくは維持のため、その利用に供してはならない旨を定めている。その趣旨は、国家が宗教的に中立であることを要求するいわゆる政教分離の原則を、公の財産の利用提供等の財政的な側面において徹底させるところにあり、これによって、憲法20条1項後段の規定する宗教団体に対する特権の付与の禁止を財政的側面からも確保し、信教の自由の保障を一層確実なものにしようとしたものである。しかし、国家と宗教とのかかわり合いには種々の形態があり、およそ国又は地方公共団体が宗教との一切の関係を持つことが許されないというものではなく、憲法89条も、公の財産の利用提供等における宗教とのかかわり合いが、我が国の社会的、文化的諸条件に照らし、信教の自由の保障の確保という制度の根本目的との関係で相当とされる限度を超えるものと認められる場合に、これを許さないとするものと解される。

国公有地が無償で宗教的施設の敷地としての用に供されている状態が、前記の見地から、信教の自由の保障の確保という制度の根本目的との関係で相当とされる限度を超えて憲法89条に違反するか否かを判断するに当たっては、当該宗教的施設の性格、当該土地が無償で当該施設の敷地としての用に供されるに至った経緯、当該無償提供の態様、これらに対する一般人の評価等、諸般の事情を考慮し、社会通念に照らして総合的に判断すべきものと解するのが相当である。

以上のような事情を考慮し、社会通念に照らして総合的に判断すると、本件利用提供行為は、市と本件神社ないし神道とのかかわり合いが、我が国の社会的、文化的諸条件に照らし、信教の自由の保障の確保という制度の根本目的との関係で相当とされる限度を超えるものとして、憲法89条の禁止する公の財産の利用提供に当たり、ひいては憲法20条1項後段の禁止する宗教団体に対する特権の付与にも該当すると解するのが相当である。

2) 表現の自由

　表現の自由は精神的自由権の中でもとりわけ重要な権利であり、民主制の基本となっている。世界を見渡すと表現の自由がない国々も見受けられる。わが国は戦前に検閲などが行われた反省から戦後、憲法 21 条で表現の自由が保障されている。1789 年のフランス人権宣言、1948 年の世界人権宣言 21 条、1976 年の市民的及び政治的権利に関する国際規約 19 条 2 項にも定められている。

　表現の自由は内心の思想および情報を外部に伝達する自由である。マスメディアの発達によって情報の送り手（マスメディア）と受け手（国民）の関係が議論されるようになり、受け手から見ると表現の自由は国民の知る権利と密接に関連する。この点に関しては情報公開法が施行されている。

　表現の自由の中に報道の自由がある。

　テレビフィルム提出命令事件判決では、提出命令の必要性と取材の自由が妨げられる程度および報道の自由に及ぼす影響の度合などを比較衡量した結果、提出命令を合憲だとした。

テレビフィルム提出命令事件（最大決昭和 44.11.26）

【事案の概要】1968（昭和 43）年、原子力空母「エンタープライズ」の佐世保寄港に反対する全学連に対し、機動隊との衝突があり、特別公務員暴行陵虐等に当たるとして告発された。不起訴処分となり、刑事訴訟法に基づく付審判請求が行われた。その際、第一審裁判所は刑事訴訟法 99 条 2 項に基づきテレビ局にニュースフィルム提出を命じた。これに対し、テレビ局は憲法 21 条に違反するとして争った。

【決定要旨】報道機関の報道は、民主主義社会において、国民が国政に関与するにつき、重要な判断の資料を提供し、国民の「知る権利」に奉仕するものである。したがつて、思想の表明の自由とならんで、事実の報道の自由は、表現の自由を規定した憲法 21 条の保障のもとにあることはいうまでもない。また、このような報道機関の報道が正しい内容をもつためには、報道の自由とともに、報道のための取材の自由も、憲法 21 条の精神に照らし、十分尊重に値いするものといわなければならない。

　ところで、本件において、提出命令の対象とされたのは、すでに放映されたフイルムを含む放映のために準備された取材フイルムである。それは報道機関の取材活動の結果すでに得られたものであるから、その提出を命ずることは、右フイルムの取材活動そのものとは直接関係がない。もつとも、報道機関がその取材活

動によつて得たフイルムは、報道機関が報道の目的に役立たせるためのものであつて、このような目的をもつて取材されたフイルムが、他の目的、すなわち、本件におけるように刑事裁判の証拠のために使用されるような場合には、報道機関の将来における取材活動の自由を妨げることになるおそれがないわけではない。
　しかし、取材の自由といつても、もとより何らの制約を受けないものではなく、たとえば公正な裁判の実現というような憲法上の要請があるときは、ある程度の制約を受けることのあることも否定することができない。
　本件では、まさに、公正な刑事裁判の実現のために、取材の自由に対する制約が許されるかどうかが問題となるのであるが、公正な刑事裁判を実現することは、国家の基本的要請であり、刑事裁判においては、実体的真実の発見が強く要請されることもいうまでもない。このような公正な刑事裁判の実現を保障するために、報道機関の取材活動によつて得られたものが、証拠として必要と認められるような場合には、取材の自由がある程度の制約を蒙ることとなつてもやむを得ないところというべきである。しかしながら、このような場合においても、一面において、審判の対象とされている犯罪の性質、態様、軽重および取材したものの証拠としての価値、ひいては、公正な刑事裁判を実現するにあたつての必要性の有無を考慮するとともに、他面において、取材したものを証拠として提出させられることによつて報道機関の取材の自由が妨げられる程度およびこれが報道の自由に及ぼす影響の度合その他諸般の事情を比較衡量して決せられるべきであり、これを刑事裁判の証拠として使用することがやむを得ないと認められる場合においても、それによつて受ける報道機関の不利益が必要な限度をこえないように配慮されなければならない。

　取材の自由が報道の自由に含まれるかは見解が分かれる。取材の自由に関連した判例として外務省機密漏洩事件がある。
　外務省機密漏洩事件判決では、人格の尊厳を著しく踐躙した取材行為は是認できず違法であるとした。

外務省機密漏洩事件（最決昭和53.5.31）
【事案の概要】西山記者（毎日新聞）が外務省の女性事務官をそそのかし、沖縄の米軍用地復旧補償費を日本政府が肩代わりするという沖縄返還協定に伴う密約の極秘電文を入手し、社会党（当時）の横路国会議員に手渡し、横路議員が外務省の機密電報文を手に佐藤総理の責任を国会で追及した。機密文書が漏洩したことに対し、国家公務員法111条に基づいて西山記者が起訴された。

【決定要旨】国家公務員法 109 条 12 号、100 条 1 項にいう秘密とは、非公知の事実であつて、実質的にもそれを秘密として保護するに値すると認められるものをいい（最高裁昭和 48 年（あ）第 2716 号同 52 年 12 月 19 日第二小法廷決定）、その判定は司法判断に服するものである。

報道機関が取材の目的で公務員に対し秘密を漏示するようにそそのかしたからといつて、そのことだけで、直ちに当該行為の違法性が推定されるものと解するのは相当ではなく、報道機関が公務員に対し根気強く執拗に説得ないし要請を続けることは、それが真に報道の目的からでたものであり、その手段・方法が法秩序全体の精神に照らし相当なものとして社会観念上是認されるものである限りは、実質的に違法性を欠き正当な業務行為というべきである。

取材の手段・方法が贈賄、脅迫、強要等の一般の刑罰法令に触れる行為を伴う場合は勿論、その手段・方法が一般の刑罰法令に触れないものであつても、取材対象者の個人としての人格の尊厳を著しく蹂躙する等法秩序全体の精神に照らし社会観念上是認することのできない態様のものである場合にも、正当な取材活動の範囲を逸脱し違法性を帯びるものといわなければならない。

被告人は、当初から秘密文書を入手するための手段として利用する意図で右 B と肉体関係を持ち、同女が右関係のため被告人の依頼を拒み難い心理状態に陥つたことに乗じて秘密文書を持ち出させたが、同女を利用する必要がなくなるや、同女との右関係を消滅させその後は同女を顧みなくなつたものであつて、取材対象者である B の個人としての人格の尊厳を著しく蹂躙したものといわざるをえず、このような被告人の取材行為は、その手段・方法において法秩序全体の精神に照らし社会観念上、到底是認することのできない不相当なものであるから、正当な取材活動の範囲を逸脱しているものというべきである。

後日談　2000 年にアメリカ公文書公開が行われ、その当時、アメリカとの交渉に当たっていた外務省アメリカ局長・吉野文六氏が沖縄返還協定に伴う密約の存在を認めた。

3）性表現の自由

性表現の自由については刑法 175 条（わいせつ文書頒布罪）と表現の自由が問題となる。書籍に加えて今日ではインターネット上の表現の自由が問題となっている。

チャタレー事件判決がわいせつ文書の概念を判断したリーディングケースである。

チャタレー訴訟（最大判昭和32.3.13）
【事案の概要】D. H. ロレンス著『チャタレー夫人の恋人』を出版した出版社と翻訳者である伊藤整氏が刑法175条のわいせつ文書頒布罪に問われた事件である。
【判旨】刑法第175条にいわゆる「猥褻文書」とは、その内容が徒らに性欲を興奮又は刺戟せしめ、且つ、普通人の正常な性的羞恥心を害し、善良な性的道義観念に反する文書をいう。
　文書が「猥褻文書」に当るかどうかの判断は、当該文書についてなされる事実認定の問題でなく、法解釈の問題である。
　文書が、「猥褻文書」に当るかどうかは、一般社会において行われている良識、すなわち、社会通念に従つて判断すべきものである。
　芸術的作品であつても猥褻性を有する場合がある。
　猥褻性の存否は、当該作品自体によつて客観的に判断すべきものであつて、作者の主観的意図によつて影響されるものではない。
　憲法第21条の保障する表現の自由といえども絶対無制限のものではなく、公共の福祉に反することは許されない。
　憲法第21条第2項によつて事前の検閲が禁止されたことによつて、猥褻文書の頒布、販売を禁止し得なくなつたものではない。

四畳半襖の下張り事件（最判昭和55.11.28）
【事案の概要】永井荷風の戯作といわれている『四畳半襖の下張』を雑誌「面白半分」に掲載した野坂昭如氏が刑法175条違反として起訴された。
【判旨】文書のわいせつ性の判断にあたつては、当該文書の性に関する露骨で詳細な描写叙述の程度とその手法、右描写叙述の文書全体に占める比重、文書に表現された思想等と右描写叙述との関連性、文書の構成や展開、さらには芸術性・思想性等による性的刺激の緩和の程度、これらの観点から該文書を全体としてみたときに、主として、読者の好色的興味にうつたえるものと認められるか否かなどの諸点を検討することが必要であり、これらの事情を総合し、その時代の健全な社会通念に照らして、それが「徒らに性欲を興奮又は刺激せしめ、かつ、普通人の正常な性的羞恥心を害し、善良な性的道義観念に反するもの」（前掲最高裁昭和32年3月13日大法廷判決参照）といえるか否かを決すべきである。

4）検　　閲

　太平洋戦争中は治安維持法によって言論の自由抑圧の手段として検閲が行われていた。日本国憲法では検閲を禁止した。

表現の自由は無制約ではないが、事前に抑制することは許されない。

検閲とは何か？　検閲とは「公権力により表現活動を事前抑制し、発表を禁止する行為」である。

北方ジャーナル事件判決では検閲の定義に言及した。北方ジャーナル事件判決、札幌税関検査事件判決、教科書検定第一次訴訟判決はいずれも検閲に該当しないとした。

> **北方ジャーナル事件（最大判昭和61.6.11）**
> 【事案の概要】北方ジャーナル誌が北海道知事選候補者に対する批判記事を掲載しようとしたところ、このことを知った原告は出版禁止の仮処分を申し立てた。
> 【判旨】憲法21条2項前段にいう検閲とは、行政権が主体となつて、思想内容等の表現物を対象とし、その全部又は一部の発表の禁止を目的として、対象とされる一定の表現物につき網羅的一般的に、発表前にその内容を審査したうえ、不適当と認めるものの発表を禁止することを、その特質として備えるものを指すと解すべきことは、前掲（最高裁昭和59年12月12日大法廷判決）大法廷判決の判示するところである
> 　仮処分による事前差止めは、表現物の内容の網羅的一般的な審査に基づく事前規制が行政機関によりそれ自体を目的として行われる場合とは異なり、個別的な私人間の紛争について、司法裁判所により、当事者の申請に基づき差止請求権等の私法上の被保全権利の存否、保全の必要性の有無を審理判断して発せられるものであつて、右判示にいう「検閲」には当たらないものというべきである。

> **札幌税関検査事件（最大判昭和59.12.12）**
> 【事案の概要】8ミリフィルムなどを輸入しようとした者が関税定率法21条1項3号に定める「公安または風俗を害すべき書籍、図画、彫刻物その他の物品」に該当するとして税関から通知を受けた。それに対し異議申立を行ったが棄却されたところ、異議申立棄却の取消を求めて提訴した。
> 【判旨】憲法21条2項前段は、「検閲は、これをしてはならない。」と規定する。憲法が、表現の自由につき、広くこれを保障する旨の一般的規定を同条1項に置きながら、別に検閲の禁止についてかような特別の規定を設けたのは、検閲がその性質上表現の自由に対する最も厳しい制約となるものであることにかんがみ、これについては、公共の福祉を理由とする例外の許容（憲法12条、13条参照）をも認めない趣旨を明らかにしたものと解すべきである。けだし、諸外国においても、表現を事前に規制する検閲の制度により思想表現の自由が著しく制限され

たという歴史的経験があり、また、わが国においても、旧憲法下における出版法（明治26年法律第15号）、新聞紙法（明治42年法律第41号）により、文書、図画ないし新聞、雑誌等を出版直前ないし発行時に提出させた上、その発売、頒布を禁止する権限が内務大臣に与えられ、その運用を通じて実質的な検閲が行われたほか、映画法（昭和14年法律第66号）により映画フイルムにつき内務大臣による典型的な検閲が行われる等、思想の自由な発表、交流が妨げられるに至つた経験を有するのであつて、憲法21条2項前段の規定は、これらの経験に基づいて、検閲の絶対的禁止を宣言した趣旨と解されるのである。

　そして、前記のような沿革に基づき、右の解釈を前提として考究すると、憲法21条2項にいう「検閲」とは、行政権が主体となつて、思想内容等の表現物を対象とし、その全部又は一部の発表の禁止を目的として、対象とされる一定の表現物につき網羅的一般的に、発表前にその内容を審査した上、不適当と認めるものの発表を禁止することを、その特質として備えるものを指すと解すべきである。

　輸入が禁止される表現物は、一般に、国外においては既に発表済みのものであつて、その輸入を禁止したからといつて、それは、当該表現物につき、事前に発表そのものを一切禁止するというものではない。また、当該表現物は、輸入が禁止されるだけであつて、税関により没収、廃棄されるわけではないから、発表の機会が全面的に奪われてしまうというわけのものでもない。その意味において、税関検査は、事前規制そのものということはできない。

教科書検定第1次訴訟（最判平成5.3.16）

【事案の概要】 家永三郎著『新日本史』が学校教育法に基づく1962（昭和37）年の教科書検定で不合格とされたため、著者の家永三郎は、1962年度・1963（昭和38）年度の検定における文部大臣の措置により精神的損害を被ったとして国家賠償請求訴訟を提訴した。

【判旨】 憲法21条2項にいう検閲とは、行政権が主体となって、思想内容等の表現物を対象とし、その全部又は一部の発表の禁止を目的とし、対象とされる一定の表現物につき網羅的一般的に、発表前にその内容を審査した上、不適当と認めるものの発表を禁止することを特質として備えるものを指すと解すべきである。本件検定は、前記のとおり、一般図書としての発行を何ら妨げるものではなく、発表禁止目的や発表前の審査などの特質がないから、検閲に当たらず、憲法21条2項前段の規定に違反するものではない。

　また、憲法21条1項にいう表現の自由といえども無制限に保障されるものではなく、公共の福祉による合理的で必要やむを得ない限度の制限を受けることがあり、その制限が右のような限度のものとして容認されるかどうかは、制限が必要とされる程度と、制限される自由の内容及び性質、これに加えられる具体的制限の態様及び程度等を較量して決せられるべきものである。これを本件検定に

ついてみるのに、(一) 前記のとおり、普通教育の場においては、教育の中立・公正、一定水準の確保等の要請があり、これを実現するためには、これらの観点に照らして不適切と認められる図書の教科書としての発行、使用等を禁止する必要があること（普通教育の場でこのような教科書を使用することは、批判能力の十分でない児童、生徒に無用の負担を与えるものである）、(二) その制限も、右の観点からして不適切と認められる内容を含む図書のみを、教科書という特殊な形態において発行を禁ずるものにすぎないことなどを考慮すると、本件検定による表現の自由の制限は、合理的で必要やむを得ない限度のものというべきであって、憲法21条1項の規定に違反するものではない。

2. 経済的自由権

　経済的自由権とは職業選択の自由および居住・移転の自由、財産権を指している。職業選択の自由については規制がある。規制の類型として届出制（理容業など）、許可制（飲食業、風俗営業など）、資格制（医師、弁護士など）、特許制（電気、ガス、鉄道など）、国家独占（旧郵便事業など）がある。

　積極目的規制と消極目的規制（警察的規制）

　規制は積極目的規制と消極目的規制に分かれる。積極目的規制とは社会的、経済的弱者を保護するための規制である。特許制はこの規制の例である。消極的規制とは国民の生命、健康に対する危険防止のための規制である。警察的規制と呼ばれる。

　このような規制が合憲かどうかの判断の基準としては、積極目的規制の場合は「明白の原則」、消極目的規制の場合は「厳格な合理性の基準」が用いられる。

　明白の原則とは、規制が著しく不合理であることが明白な場合に違憲とするという原則である。厳格な合理性の基準は、裁判所が規制の必要性、合理性および同じ目的を達成できるより緩やかな規制手段があるかどうかを審査する。

　薬局距離制限事件判決では規制を消極目的規制ととらえ、厳格な合理性の基準を適用した。

図3-1　規制と合憲判断の基準

薬局距離制限訴訟（最大判昭和50.4.30）

【事案の概要】 薬事法は当時、適正配置を規定し、これに適合しない場合は薬局の開設を許可しないとしていた。広島県福山市でスーパーマーケットを営む者が広島県知事に対し、医薬品販売業の許可を申請したが、適正配置の点から不許可処分が出された。そこで不許可処分は憲法22条に違反するとして不許可処分取消を求めて提訴した。

【判旨】 憲法22条1項は、何人も、公共の福祉に反しないかぎり、職業選択の自由を有すると規定している。職業は、人が自己の生計を維持するためにする継続的活動であるとともに、分業社会においては、これを通じて社会の存続と発展に寄与する社会的機能分担の活動たる性質を有し、各人が自己のもつ個性を全うすべき場として、個人の人格的価値とも不可分の関連を有するものである。右規定が職業選択の自由を基本的人権の一つとして保障したゆえんも、現代社会における職業のもつ右のような性格と意義にあるものということができる。そして、このような職業の性格と意義に照らすときは、職業は、ひとりその選択、すなわち職業の開始、継続、廃止において自由であるばかりでなく、選択した職業の遂行自体、すなわちその職業活動の内容、態様においても、原則として自由であることが要請されるのであり、したがつて、右規定は、狭義における職業選択の自由のみならず、職業活動の自由の保障をも包含しているものと解すべきである。

　職業の許可制は、法定の条件をみたし、許可を与えられた者のみにその職業の遂行を許し、それ以外の者に対してはこれを禁止するものであつて、右に述べたように職業の自由に対する公権力による制限の一態様である。このような許可制が設けられる理由は多種多様で、それが憲法上是認されるかどうかも一律の基準をもつて論じがたいことはさきに述べたとおりであるが、一般に許可制は、単なる職業活動の内容及び態様に対する規制を超えて、狭義における職業の選択の自由そのものに制約を課するもので、職業の自由に対する強力な制限であるから、その合憲性を肯定しうるためには、原則として、重要な公共の利益のために必要かつ合理的な措置であることを要し、また、それが社会政策ないしは経済政策上の積極的な目的のための措置ではなく、自由な職業活動が社会公共に対してもたらす弊害を防止するための消極的、警察的措置である場合には、許可制に比べて職業の自由に対するよりゆるやかな制限である職業活動の内容及び態様に対する規制によつては右の目的を十分に達成することができないと認められることを要するもの、というべきである。

公衆浴場距離制限訴訟（最判平成元.1.20）

【事案の概要】 公衆浴場法2条は公衆浴場開設の適正配置を規定する。公衆浴場法の合憲性が争われた。

【判旨】憲法第22条1項に規定する職業選択の自由の保障は、狭義における職業の選択、すなわち職業の開始、継続、廃止における自由のみならず、選択した職業の遂行自体、すなわちその職業活動の内容、態様における自由の保障も包含するところ、公衆浴場法（以下、法という）2条2項及び同法に基づく大阪府公衆浴場施行条例（以下、条例という）第2条の適正配置規制は、狭義における職業の選択そのものを直接制約する最も徹底した規制にほかならないから、これを合憲と認めるためには、強い合理的根拠が存在しなければならない。

そして、営業の許可性が合憲であるとして是認されるためには、第一に、規制の目的自体が公共の利益に適合する正当性を有すること（立法目的の正当性）、第二に、規制手段が右目的達成のために必要かつ合理的範囲にとどまること（立法目的と手段との合理的関連性）、第三に、規制によつて失われる利益と得られる利益との間に均衡が成立すること——規制の目的、必要性、内容、これによつて制限される職業の自由の性質、内容及び制限の程度を比較考量し、均衡が存すること——（比較衡量の妥当性）の要件が具備されなければならない（最高裁昭和47年11月22日大法廷判決、刑集26巻9号586頁、最高裁昭和50年4月30日大法廷判決、民集29巻4号572頁）。

公衆浴場の距離制限については判決によって、規制のとらえ方が、消極目的規制（最大判昭和30.1.26）、積極目的規制（最判平成元.1.20）、積極目的規制および消極目的規制（最判平成元.3.7）とさまざまである。

人権と公共の福祉

日本国憲法12条は「この憲法が国民に保障する自由及び権利は、国民の不断の努力によつて、これを保持しなければならない。又、国民は、これを濫用してはならないのであつて、常に公共の福祉のためにこれを利用する責任を負ふ」と規定する。経済的自由権については特に公共の福祉による制約が明記されている。基本的人権は原則として公共の福祉によって制約されるとする考え方が学説、判例ともに主流である。ただし、例外として、思想良心の自由（憲法19条）、検閲の禁止（憲法21条）、刑事手続（憲法31条以下）がある。

人権と公共の福祉に関して違憲審査基準として比較衡量論と二重の基準論がある。

比較衡量論は人権を制約することによって得られる利益と失われる利益を比較衡量し、前者が後者より大きい場合を合憲とする考え方である。二重の基準論は精神的自由権が経済的自由権よりも優越的地位にあり、精神的自由権の規

制立法の審査基準は経済的自由権の規制立法の審査基準よりも厳格な基準でなければならないとする考え方である。

3. 人身の自由

近代憲法においては、専制主義の時代の反省にたって人身の自由が保障されている。国際社会においても植民地主義が合法であり、そのため奴隷制度そのものも合法であった時代があった。

憲法18条は奴隷的拘束からの自由を規定する。

1）適正手続

憲法31条は適正手続の保障を定め、刑罰手続が適正なものでなければならないとする。アメリカ合衆国憲法修正14条から来ている。

第三者所有物没収事件判決では、第三者に告知と聴聞の機会が与えられなければならないとした。

第三者所有物没収事件（最大判昭和37.11.28）
【事案の概要】密輸を企てた被告人が貨物の没収の判決を受けたところ貨物の中に第三者の所有物が含まれていた。そこで第三者の権利を侵害するとして提訴した。
【判旨】第三者の所有物を没収する場合において、その没収に関して当該所有者に対し、何ら告知、弁解、防禦の機会を与えることなく、その所有権を奪うことは、著しく不合理であつて、憲法の容認しないところであるといわなければならない。けだし、憲法29条1項は、財産権は、これを侵してはならないと規定し、また同31条は、何人も、法律の定める手続によらなければ、その生命若しくは自由を奪われ、又はその他の刑罰を科せられないと規定しているが、前記第三者の所有物の没収は、被告人に対する附加刑として言い渡され、その刑事処分の効果が第三者に及ぶものであるから、所有物を没収せられる第三者についても、告知、弁解、防禦の機会を与えることが必要であつて、これなくして第三者の所有物を没収することは、適正な法律手続によらないで、財産権を侵害する制裁を科するに外ならないからである。そして、このことは、右第三者に、事後においていかなる権利救済の方法が認められるかということとは、別個の問題である。然るに、関税法118条1項は、同項所定の犯罪に関係ある船舶、貨物等が被告人以外の第三者の所有に属する場合においてもこれを没収する旨規定しながら、その所有者たる第三者に対し、告知、弁解、防禦の機会を与えるべきことを定めて

おらず、また刑訴法その他の法令においても、何らかかる手続に関する規定を設けていないのである。従つて、前記関税法118条1項によつて第三者の所有物を没収することは、憲法31条、29条に違反するものと断ぜざるをえない。

　適正手続の保障が行政手続にも適用されるかどうかが判断された判決が、川崎民商事件判決および成田新法事件判決である。

川崎民商事件（最大判昭和47.11.22）
【事案の概要】旧所得税法に規定する質問検査権による税務調査を拒否して起訴された。行政手続にも令状主義が及ぶかという点が争われた訴訟である。
【判旨】当該手続が刑事責任追及を目的とするものでないとの理由のみで、その手続における一切の強制が、憲法35条1項による保障の枠外にあることにはならない。
　所得税法（昭和40年法律第33号による改正前のもの）63条、70条10号に規定する検査は、あらかじめ裁判官の発する令状によることをその一般的要件としないからといつて、憲法35条の法意に反するものではない。
　憲法38条1項による保障は、純然たる刑事手続以外においても、実質上、刑事責任追及のための資料の取得収集に直接結びつく作用を一般的に有する手続にはひとしく及ぶものである。
　所得税法（昭和40年法律第33号による改正前のもの）63条、70条10号、12号に規定する質問、検査は、憲法38条1項にいう「自己に不利益な供述」の「強要」にあたらない。

成田新法事件（最大判平成4.7.1）
【事案の概要】成田空港の安全確保のため過激派集団の拠点となっていた団結小屋の使用禁止等を規定した成田新法が1978（昭和53）年に施行された。運輸大臣は成田新法3条1項に基づきXに対し、X所有施設を使用禁止処分としたところ、Xは使用禁止処分の取消を求めた。
【判旨】憲法31条の定める法定手続の保障は、直接には刑事手続に関するものであるが、行政手続については、それが刑事手続ではないとの理由のみで、そのすべてが当然に同条による保障の枠外にあると判断することは相当ではない。
　しかしながら、同条による保障が及ぶと解すべき場合であっても、一般に、行政手続は、刑事手続とその性質においておのずから差異があり、また、行政目的に応じて多種多様であるから、行政処分の相手方に事前の告知、弁解、防御の機

> 会を与えるかどうかは、行政処分により制限を受ける権利利益の内容、性質、制限の程度、行政処分により達成しようとする公益の内容、程度、緊急性等を総合較量して決定されるべきものであって、常に必ずそのような機会を与えることを必要とするものではないと解するのが相当である。

刑事手続については第9章司法制度を参照。

2）被疑者の権利

犯罪の嫌疑を受けたものを被疑者といい、その権利として、被疑者は、現行犯の場合を除いては権限を有する司法官憲が発する令状によらなければ逮捕されず（憲法33条）、理由を直ちに告げられ、直ちに弁護人を依頼する権利を与えられなければ抑留または拘禁されない権利（弁護人選任権）を有する（憲法34条）。また、黙秘権、通訳をつける権利（外国人の場合）を有する。

3）被告人の権利

検察官によって起訴され、刑事裁判の対象となったものを被告人という。

被告人の権利として公平な裁判所の迅速な裁判を受ける権利（憲法37条1項）、証人審問権（37条2項）、弁護人依頼権（37条3項）、不利益供述の強要禁止（38条1項）、任意性のない自白の証拠能力排除（38条2項）、補強証拠の法則（38条3項）を規定する。補強証拠の法則とは、任意性のある自白でも補強証拠が存在しない限り、有罪の証拠とすることができないとする考え方である。

また、罪刑法定主義の考え方から事後法の禁止（憲法39条）、残虐刑の禁止（憲法36条）を定める。

4）被害者の権利

日本国憲法では被疑者および被告人の権利しか規定されておらず、被害者の権利については規定がない。最近、被害者およびその遺族から被害者の権利について主張されるようになり、法律として結実している。

①告訴権（刑事訴訟法230条）
②公判手続の傍聴申出権（犯罪被害者等の権利利益の保護を図るための刑事手続に付随する措置に関する法律2条）
③公判記録の閲覧及び謄写申出権（同法3条）
④意見陳述申出権（刑事訴訟法292条の2）

4. 社 会 権

近代憲法成立後、資本主義の高度化に伴い社会的経済的弱者が出現するようになった。20世紀になって1919年のワイマール憲法に見られるように、現代憲法の特色の一つとして社会的経済的弱者の保護とそのための国家の義務を定めた社会権の出現がある。

日本国憲法は社会権の一つとして生存権を規定する。憲法は国民の健康で文化的な最低限度の生活を営む権利を規定し、そのために生存権の具体化の義務を課している（憲法25条）。

具体的には、生活保護法、国民健康保険法、国民年金法、雇用保険法、介護保険法などがある。

生存権は国に対する具体的な請求権ではなく、憲法25条は具体的権利を保障したものではない（プログラム規定）。生存権をめぐる判例としては朝日訴訟および堀木訴訟があるが、朝日訴訟判決にもこの判断が見られる。

朝日訴訟判決では憲法25条1項は直接国民に具体的権利を付与したものではないとし、「健康で文化的な最低限度の生活」の判断は厚生大臣の裁量に委されているとした。また堀木訴訟判決は「健康で文化的な最低限度の生活」を立法に具体化する場合は、立法府の裁量にゆだねられているとした。

朝日訴訟（最大判昭和42.5.24）

【事案の概要】1956（昭和31）年当時、朝日茂氏が受領していた生活保護給付金の月額（600円）が「健康で文化的な最低限度の生活」に当たるかどうかが争われた事件である。

【判旨】憲法25条1項は、「すべて国民は、健康で文化的な最低限度の生活を営む権利を有する。」と規定している。この規定は、すべての国民が健康で文化的な最低限度の生活を営み得るように国政を運営すべきことを国の責務として宣言したにとどまり、直接個々の国民に対して具体的権利を賦与したものではない（昭和23年（れ）第205号、同年9月29日大法廷判決、刑集2巻10号

1235頁参照）。具体的権利としては、憲法の規定の趣旨を実現するために制定された生活保護法によつて、はじめて与えられているというべきである。生活保護法は、「この法律の定める要件」を満たす者は、「この法律による保護」を受けることができると規定し（2条参照）、その保護は、厚生大臣の設定する基準に基づいて行なうものとしているから（8条1項参照）、右の権利は、厚生大臣が最低限度の生活水準を維持するにたりると認めて設定した保護基準による保護を受け得ることにあると解すべきである。もとより、厚生大臣の定める保護基準は、法8条2項所定の事項を遵守したものであることを要し、結局には憲法の定める健康で文化的な最低限度の生活を維持するにたりるものでなければならない。しかし、健康で文化的な最低限度の生活なるものは、抽象的な相対的概念であり、その具体的内容は、文化の発達、国民経済の進展に伴つて向上するのはもとより、多数の不確定的要素を綜合考量してはじめて決定できるものである。したがつて、何が健康で文化的な最低限度の生活であるかの認定判断は、いちおう、厚生大臣の合目的的な裁量に委されており、その判断は、当不当の問題として政府の政治責任が問われることはあつても、直ちに違法の問題を生ずることはない。ただ、現実の生活条件を無視して著しく低い基準を設定する等憲法および生活保護法の趣旨・目的に反し、法律によつて与えられた裁量権の限界をこえた場合または裁量権を濫用した場合には、違法な行為として司法審査の対象となることをまぬかれない。

堀木訴訟（最大判昭和57.7.7）
【事案の概要】障害福祉年金と児童扶養手当の併給禁止規定の合憲性が争われた事件である。
【判旨】憲法25条1項は「すべて国民は、健康で文化的な最低限度の生活を営む権利を有する。」と規定しているが、この規定が、いわゆる福祉国家の理念に基づき、すべての国民が健康で文化的な最低限度の生活を営みうるよう国政を運営すべきことを国の責務として宣言したものであること、また、同条2項は「国は、すべての生活部面について、社会福祉、社会保障及び公衆衛生の向上及び増進に努めなければならない。」と規定しているが、この規定が、同じく福祉国家の理念に基づき、社会的立法及び社会的施設の創造拡充に努力すべきことを国の責務として宣言したものであること、そして、同条1項は、国が個々の国民に対して具体的・現実的に右のような義務を有することを規定したものではなく、同条2項によつて国の責務であるとされている社会的立法及び社会的施設の創造拡充により個々の国民の具体的・現実的な生活権が設定充実されてゆくものであると解すべきことは、すでに当裁判所の判例とするところである（最高裁昭和23年（れ）第205号同年9月29日大法廷判決・刑集2巻10号1235頁）。
このように、憲法25条の規定は、国権の作用に対し、一定の目的を設定しそ

の実現のための積極的な発動を期待するという性質のものである。しかも、右規定にいう「健康で文化的な最低限度の生活」なるものは、きわめて抽象的・相対的な概念であつて、その具体的内容は、その時々における文化の発達の程度、経済的・社会的条件、一般的な国民生活の状況等との相関関係において判断決定されるべきものであるとともに、右規定を現実の立法として具体化するに当たつては、国の財政事情を無視することができず、また、多方面にわたる複雑多様な、しかも高度の専門技術的な考察とそれに基づいた政策的判断を必要とするものである。したがつて、憲法25条の規定の趣旨にこたえて具体的にどのような立法措置を講ずるかの選択決定は、立法府の広い裁量にゆだねられており、それが著しく合理性を欠き明らかに裁量の逸脱・濫用と見ざるをえないような場合を除き、裁判所が審査判断するのに適しない事柄であるといわなければならない。

第4章

国際社会と人権保障

第1節 歴　　史

　第4章では、世界人権宣言ならびに国際人権規約・国際人権規約選択議定書を取り上げる。第二次世界大戦以前、人権問題は国内問題だととらえられてきた。なれど大戦中のナチス政権による民族迫害の反省から第二次世界大戦後、人権は国際問題だととらえられるようになってきた。

　国連憲章においては人権規定が少なく、前文、1条c、55条c、56条、68条の規定のみである。人権保障を軽視したわけではなく、その理由は国連憲章が第二次世界大戦時に連合国と戦った枢軸国が再び戦争を起こさないための集団的安全保障に重点をおいているからである。国連憲章発効後、1948年には世界人権宣言、1966年には国際人権規約（自由権規約および社会権規約）が採択された。

　世界人権宣言は国連総会決議（217号）であり、厳密な意味では法的拘束力を持つ条約ではない。一方で、その内容は国際慣習法になっているという考え方もある。

　国際人権規約は、市民的および政治的権利に関する国際規約（自由権規約）、経済的、社会的および文化的権利に関する国際規約（社会権規約）、自由権規約選択議定書、社会権規約選択

議定書、死刑廃止議定書で構成されている。国内事情によりすべての国々が国際人権規約を批准しているわけではない。たとえばアメリカは社会権規約を批准していないし、中国は自由権規約を批准していない（2016年3月現在）。また、留保や解釈宣言を行っている国もある。たとえば日本は自由権規約22条2の「警察の構成員」に消防職員が含まれるという解釈宣言を行っている。

国際人権規約は条約として法的拘束力を持つ。また、人民の自決権（1条）や少数者の権利（27条）のように世界人権宣言にはなかった人権も盛り込まれている。

自由権規約と社会権規約では、即時実施か漸進的実施を国家に義務づけるかが異なる。

地域的人権条約として欧州人権条約や米州人権条約がある。欧州人権条約の最大の特徴は締約国のみならず、個人にも出訴権を認めている点にある。

個別人権条約としては人種差別撤廃条約、女子差別撤廃条約、拷問禁止条約、児童の権利条約などがある。

国連憲章55条c、56条は具体的に加盟国に人権保護義務を課してはいなかった。国連では人権委員会が設立され、決議1235や1503に基づいて人権保障の活動が行われている。

1967年の経済社会理事会決議1235は、人権委員会に「すべての国の人権侵害」を毎年公開の審議事項とし、報告する権限を与えた。また、「継続的な形態の重大な人権侵害」に対しては勧告を出すことができる。

1970年の経済社会理事会決議1503は、すべての国の「継続的な形態の重大な人権侵害を示す事態」を個人・団体からの通報に基づき非公開で審議する。

国連人権理事会は、経済社会理事会の下部組織であった国連人権委員会に代わって、総会の下部組織として2006年3月に設立された。主な任務は、人権と基本的自由の保護・促進およびそのための加盟国への勧告、大規模かつ組織的な侵害を含む人権侵害状況への対処および勧告、各国の人権状況の普遍的・定期的なレビュー、総会への年次報告書の提出などである。

第2節　個人と人権保障

　個人と国際社会のつながりは国籍にその例を見ることができる。国籍とは何か。国籍イコール戸籍ではない。国際社会を構成する国を見るとアメリカのように戸籍のない国もある。
　国籍を決める方式として、属地主義（出生地主義）と属人主義（血統主義）の考え方がある。属地主義は、たとえばアメリカで出生した子はすべてアメリカ国籍を取得する。属人主義は、日本の場合、戸籍法に国籍の規定があり、父母両系血統主義を採用している。すなわち、どちらか一方の親が日本国籍であれば、子は日本国籍を取得する。
　このように、属地主義と属人主義の2つの考え方があるがゆえに問題が起こる。たとえば日本国籍の母親がハワイで出産すれば子の国籍はアメリカ国籍と日本国籍が同時に発生する。また、最近の国際結婚の増加によっても二重国籍の状態が生じている。属地主義を採用する国はアメリカ、イギリスなど英米法系の国が多い、一方で属人主義を採用する国はドイツ、イタリアなど大陸法系ヨーロッパ諸国、東アジアの国が多い。
　このような二重国籍の状態は日本の場合、22歳までにどちらか一方の国籍を放棄しなければならない。現実は、放棄しなくても処罰されるわけではないので外国と日本の両国のパスポートも持っている人も多い。ただ、国籍国の法令が適用されるので、兵役の義務がある国の場合はその国の兵役に服することになる。このような二重国籍のほかに無国籍になる場合がある。1954年の「無国籍者の地位に関する条約」第1条1では、「無国籍者とは、その国の法律の適用により、いずれの国によっても国民と認められていないものをいう」と規定する。無国籍になる場合には、ある国の国籍を有していたがその国家が消滅してしまった場合がある。日本の場合、沖縄の無国籍児の問題がある。1984年の国籍法改正までは父系血統主義をとっていたため、沖縄駐留の米兵と現地女性との間に生ま

第4章　国際社会と人権保障

れた子が父の所在がわからない場合に無国籍となる状況、いわゆるアメラジアン問題が生じた。最近は、日本人男性とアジアから就労に来た女性との間に生まれた子が無国籍になり、不法滞在の親が入管法違反の発覚をおそれて出生届を出さない例が生じている。

　国際法上はすべての人が国籍を有し、一つの国籍を有するとする国籍唯一の原則が存在する。

　二重国籍および無国籍を防止する条約として、国籍法抵触条約、無国籍のある場合に関する議定書などがある。

第3節　難　　民

　ロシア革命（1917年）後の難民の発生が契機である。難民は本来政治難民を指したが近年は内戦による流民も指す。シリアの内戦に伴うEU諸国の難民受け入れが問題となっている。

　庇護権は国家の権利であり、国家は領域的庇護権を有するが、外交的庇護権は有しない。領域的庇護とは、自国を逃れてきた者に対し領域主権に基づいて国家が庇護を与えることであり、外交的庇護は在外公館に逃れてきた者に庇護を与えることである。

　難民の定義は1951年難民の地位に関する条約1条A（2）に規定がある。「人種、宗教、国籍若しくは特定の社会的集団の構成員であること又は政治的意見を理由に迫害を受けるおそれがあるという十分に理由のある恐怖を有するために、国籍国の外にいる者であって、その国籍国の保護を受けることができないもの又はそのような恐怖を有するためにその国籍国の保護を受けることを望まないもの及びこれらの事件の結果として常居所を有していた国の外にいる無国籍者であって、当該常居所を有していた国に帰ることができないもの又はそのような恐怖を有するために当該常居所を有していた国に帰ることを望まないもの」である。ただし1条Fは以下のように規定する。

　この条約は、次のいずれかに該当すると考えられる相当な理由がある者については、適用しない。

　(a) 平和に対する犯罪、戦争犯罪および人道に対する犯罪に関して規定する

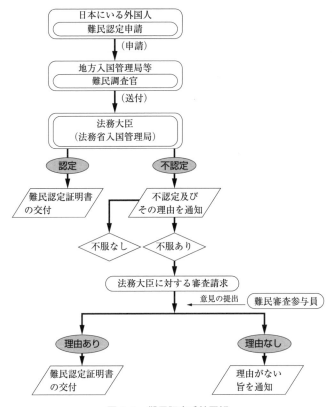

図 4-1　難民認定手続図解

出典）入国管理局（http://www.immi-moj.go.jp/tetuduki/nanmin/nanmin_flow.html）

　国際文書の定めるこれらの犯罪を行ったこと。
（b）難民として避難国に入国することが許可される前に避難国の外で重大な犯罪（政治犯罪を除く）を行ったこと。
（c）国際連合の目的および原則に反する行為を行ったこと。

　国内避難民は厳格に解釈すると難民に該当しないが、国連難民高等弁務官事務所（UNHCR）は、緒方貞子国連難民高等弁務官の時代に国内避難民も保護する方針に転換した。1966年難民議定書は、難民条約作成後生じた難民の保護・救済を早急に図ることが必要であったため、条約改正手続を経るよりも条約の難民の定義における時間的制限を取り除いている（難民議定書1条）。

難民の地位に関する条約33条は、難民を生命または自由が脅威にさらされるおそれのある領域の国境へ追放しまたは送還してはならないというノンルフールマンの原則を規定する。

　日本の難民受け入れの場合、出入国管理及び難民認定法に基づき申請により難民認定が行われる。近年、経済的貧困から外国に逃れる偽装難民が増加し、難民認定数は多くない。2005（平成17）年5月から、有識者などを難民認定手続に関与させる「難民審査参与員制度」が導入された。

第5章

主権と領域

第1節 領　　域

　主権とは独立かつ最高の統治権であり、対内主権（領域権）と対外主権（独立権）に分類される。対内主権はポツダム宣言8項に見られ、対外主権は日本国憲法前文に見られる。

　主権は他権力の介入を排除する抵抗概念であり、国際法による拘束を否定するものではない。19世紀末のドイツでは絶対主権論が主流であったが、主権が戦争の原因だとして第一次世界大戦後、平和の維持のために主権が制限されるようになってきた。

　国際組織との関係について、安保理決議（憲章25条）に法的拘束力が与えられる場合がある。憲章第7章は国家の意思に関係なく適用される。その意味で主権は制限される。

> **ポツダム宣言8項**
> The terms of the Cairo Declaration shall be carried out and Japanese sovereignty shall be limited to the islands of Honshu, Hokkaido, Kyushu, Shikoku and such minor islands as we determine.
> 「カイロ」宣言ノ条項ハ履行セラルヘク又日本国ノ主権ハ本州、北海道、九州及四国並ニ吾等ノ決定スル諸小島ニ局限セラルヘシ

1. 海　　洋

国連海洋法条約に規定される領域は以下の図で表される（図5-1、5-2）。

海洋の領有に関して、1609年、海洋は万民の共有物だとする自由海論がオランダのグロチウスによって主張された。これは当時、海洋進出を行ったオランダの利益保護のためである。一方、1635年、イギリスの近海漁業擁護のため、海洋の領有が可能だとする閉鎖海論がイギリスのセルデンによって主張された。

その後、伝統的海洋法のもとで通商と交通の自由が重視され、公海自由の原則が確立していく。また、1702年、バンケルスフークの海洋領有論により、着弾距離説に基づく3海里領海制度が確立していく。

新たな資源開発や海洋環境の保護の必要性、安全保障などの海洋秩序の変動に伴い、第三次海洋法会議（1973～1982年）において交渉が行われ、国連海洋法条約が採択された。

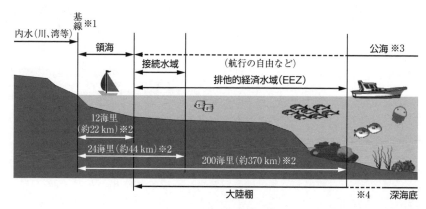

図5-1　各種海域の概念図

※1）通常の基線は、沿岸国が公認する大縮尺海図に記載されている海岸の低潮線とされ、その他一定の条件を満たす場合に直線基線、湾の閉鎖線および河口の直線などを用いることが認められている。
※2）領海、接続水域およびEEZの範囲は、図中に示された幅を超えない範囲で沿岸国が決定する。
※3）国連海洋法条約第7部（公海）の規程はすべて、実線部分に適用される。また、航行の自由をはじめとする一定の事項については、点線部分に適用される。
※4）大陸棚の範囲は基線から原則として200海里までであるが、大陸縁辺部の外縁が領海基線から200海里を超えて延びている場合には、延長することができる。ただし、基線から350海里あるいは2500m等深線から100海里を超えてはならない。基線から200海里を超える大陸棚は、国連海洋法条約に基づき設置されている「大陸棚の限界に関する委員会」の行う勧告に基づき設定する。深海底は、大陸棚の外の海底およびその下である。

出典）外務省（http://www.mofa.go.jp/mofaj/press/pr/wakaru/topics/vol61/）

図 5-2　日本の領海等概念図
出典）海上保安庁（http://www1.kaiho.mlit.go.jp/JODC/ryokai/ryokai_setsuzoku.html）

　国連海洋法条約の主な特徴は、領海の幅 12 海里の設定（3 条）、排他的経済水域の設定（55 条）、大陸棚の範囲の確定（76 条）、深海底制度の創設（133 条）、紛争解決手続の創設（279 条）である。

1）内　　水
　内水とは河川および湾を指す。

2）領　　海
　領海は軍事上・漁業上の理由から設定され、基線から 12 海里である（3 条）。通常基線は公認された大縮尺海図の低潮線から測定されるとされている（5 条）。基線は通常基線のほか、海岸線が入り組んだところに引かれる直線基線に分かれる（7 条）。
　領海では、沿岸国の平和・秩序または安全を害さない限り通航が可能な無害通航権が保障され（17 条）、有害な場合が 19 条に列挙されている。すなわち、
　(1) 武力による威嚇または武力の行使であって、沿岸国の主権、領土保全もしくは政治的独立に対するものまたはその他の国際連合憲章に規定する国際法の諸原則に違反する方法によるもの
　(2) 兵器（種類のいかんを問わない）を用いる訓練または演習

(3) 沿岸国の防衛または安全を害することとなるような情報の収集を目的とする行為
(4) 沿岸国の防衛または安全に影響を与えることを目的とする宣伝行為
(5) 航空機の発着または積込み
(6) 軍事機器の発着または積込み
(7) 沿岸国の通関上、財政上、出入国管理上または衛生上の法令に違反する物品、通貨または人の積込みまたは積卸し
(8) この条約に違反する故意のかつ重大な汚染行為
(9) 漁獲行為
(10) 調査活動または測量活動の実施
(11) 沿岸国の通信系または他の施設への妨害を目的とする行為
(12) 通航に直接の関係を有しないその他の活動

潜水艦は浮上して旗を掲げなければならない（20条）。軍艦の無害通航権が保障されるかについて議論がある。肯定説は19条2では通航の仕方が問題とされており、船舶の種類が無害性の判断基準とはされていないことを根拠とし、否定説は無害通航権がもともと通商の必要上商船に対し認められたものであることを根拠としている。

多くの島からなる群島水域においても無害通航権が認められている（52条1）。

3）接続水域

接続水域は基線から24海里までである（33条）。接続水域は自国の領土または領海内における通関上、財政上、出入国管理上または衛生上の法令の違反を防止するために設けられている。

4）国際海峡

国際海峡とは、公海または排他的経済水域の一部分と公海または排他的経済水域の他の部分との間にある、国際航行に使用されている海峡である（国連海洋法条約36条）。

国際海峡としてホルムズ海峡、マラッカ海峡、ジブラルタル海峡などがあげられる。

コルフ海峡事件では軍艦も国際海峡における無害通行権を有すると国際司法裁判所は判断した。

> **コルフ海峡事件（ICJ 判決 1949.4.9、12.15）**
> 【事案の概要】1946 年 10 月 22 日、アルバニア領海内のコルフ海峡を通航中のイギリス艦隊の駆逐艦が機雷に触れて死傷者を出した。その後 1946 年 11 月イギリスの艦隊による掃海作業が原因でアルバニア・イギリス間の紛争となった。
> 【判旨】コルフ海峡を国際海峡と認定し、国際慣習法上、公海と領海を結ぶ国際海峡に外国軍艦が無害通航権を有することを確認した。

　日本は特定海域の設定により、国際海峡である宗谷、津軽、対馬東水道、同西水道及び大隅海峡の領海を 3 海里と定めている。

　国際海峡における通過通航権とは、軍艦を含むすべての船舶が「継続的かつ迅速に」通過する航行である（37 条、38 条）。

5）公　　海

　排他的経済水域の外側が公海である。従来は領海の外側が公海であったが、排他的経済水域の設定によって公海部分が狭まった。公海の自由は、どこの国にも属さないとする国家の帰属からの自由および自由に使用できるとする公海使用の自由から成る。しかし、公海の自由は最近、生物資源の保護、海洋環境の保護、深海底資源の開発により規制がかかるようになってきた。

　公海における船舶はその登録国の管轄権に従うとする旗国主義がとられている（91 条 1、92 条 1）。ただし旗国主義の例外として、海賊行為があげられる。海賊行為とは、私有の船舶・航空機が私的目的で公海上の他の船舶・航空機に対して行う不法な暴力行為、抑留または略奪行為である（101 条）。

　いずれの国も、公海その他いずれの国の管轄権にも服さない場所において、海賊船舶、海賊航空機または海賊行為によって奪取され、かつ、海賊の支配下にある船舶または航空機を拿捕し及び当該船舶または航空機内の人を逮捕しまたは財産を押収することができる（105 条）。ここで航空機と海賊というのは違和感があるかもしれないが、たとえば航空機を強制的に着陸させ、海賊行為を行う場合が考えられる。

　公海上で軍艦は奴隷取引、海賊放送を行っている場合、船舶が国籍を持たない場合には臨検を行うことができる（110 条 1）。

　沿岸国の内水、領海、接続水域内で沿岸国の法令に違反していると信じるに

足る十分な理由がある場合、公海上にまで船舶を追跡することができる (継続追跡権) (111条)。

2. 資源開発

漁業管轄権事件 (ICJ 判決 1974.7.25) は 1956～1978 年に起きたイギリスとアイスランド間の紛争である。武力衝突はなかったが、タラ戦争 (Cod war) という名称が一般的に使われた。アイスランドの一方的な漁業専管水域の設定・拡大に対しイギリスが提訴した。

漁業管轄権事件判決では、12 海里の漁業専管水域は慣習法化していると認められたが、漁業管轄事件後、漁業専管水域が排他的経済水域へと拡大していく。それは 1972 年にアフリカ諸国が排他的経済水域 200 海里を提示したことに始まり、1973 年には、国連総会で天然資源に対する永久的主権が沿岸国の海洋資源にまで及ぶという決議が採択された。

1）排他的経済水域

沿岸国は、200 海里におよぶ水域の海底・地下・上部水域の生物・非生物資源の探査・開発・保存・管理およびその他の経済的活動について、主権的権利を有する (56 条 1)。ただし、航行・上空飛行・海底電線、パイプラインの施設は自由である (58 条 1)。これは従来公海部分であった性質を残したためである。

排他的経済水域では沿岸国の利益を優先しており、許容漁獲量に余剰分ができた場合、内陸国・地理的不利益国、先進漁業国に漁獲をさせることができる (61 条、62 条)。

1995 年、海洋法条約 64 条を実施するために「ストラリング魚種および高度回遊性魚種の保存と管理に関する協定」が採択された。

高度回遊性魚種 (まぐろやカツオなど) をめぐる判例としてみなみまぐろ事件がある。マリアルース号事件 (1875 年)、家屋税事件 (1905 年) 以来、日本が国際裁判の直接の当事者となった事件である。

> **みなみまぐろ事件 (日本 v. オーストラリア、ニュージーランド)**
> 【事案の概要】1993 年みなみまぐろ保存条約のもと、みなみまぐろ委員会で総漁獲可能量および国別割当量が設定され協議が行われた。日本は年間 2000 ト

ンの調査漁獲計画を主張したがオーストラリア・ニュージーランドは年間1400トンを主張し、交渉は決裂した。その後日本は調査漁獲計画を実施した。オーストラリア・ニュージーランドは1999年7月15日、国連海洋法条約付属書Ⅶに基づき仲裁手続を付託した。同年7月30日、国連海洋法条約290条5に基づき国際海洋法裁判所に暫定措置命令を要請した。判決後、外交交渉で調査漁獲を含むみなみまぐろの資源管理・保存で合意した。

【暫定措置命令】(1999.8.27)
　海洋法15部2節(紛争解決)の適用を排除しないとし、日本の調査漁獲の即時中止が認められた。

【仲裁裁判所判決】(2000.8.4)
　裁判所は本案を審理する管轄権を有さない(賛成4対反対1)。
　国際海洋法裁判所の暫定措置命令は本判決の署名日をもって無効とする(全員一致)。
(拙著「みなみまぐろ仲裁判決」環境法研究27号、2002年、有斐閣参照)

2) 公海漁業

1995年、国連海洋法条約64条を実施するための公海漁業実施協定が採択され、公海漁業にも規制が及ぶようになった。

日韓(1998年)、日中(1997年)漁業協定では、それぞれ排他的経済水域の境界のため、東シナ海周辺や竹島周辺に暫定水域を設けている。暫定水域においては、いずれの国も操業することができる。

南極海捕鯨事件(ICJ判決2014.3.31　オーストラリア v. 日本)

【事案の概要】南極海で行われている日本の調査捕鯨に対し、オーストラリアは科学的に行われている調査捕鯨ではないと主張した。一方、日本は、ICJには裁判管轄権がないとし、科学調査目的捕鯨の判断および捕獲許可発給は締約国が行うものであると主張した。

国際捕鯨取締条約第8条1は「この条約の規定にかかわらず、締約政府は、同政府が適当と認める数の制限及び他の条件に従って自国民のいずれかが科学的研究を目的として鯨を捕獲し、殺し、及び処理することを認可する特別許可書をこれに与えることができる。また、この条の規定による鯨の捕獲、殺害及び処理は、この条約の適用から除外する」と規定する。

【判旨】Taken as a whole, the Court considers that JARPA II involves activities that can broadly be characterized as scientific research (see paragraph 127 above), but that the evidence does not establish that the programme's design and implementation are reasonable in

> relation to achieving its stated objectives. The Court concludes that the special permits granted by Japan for the killing, taking and treating of whales in connection with JARPA II are not "for purposes of scientific research" pursuant to Article VIII, paragraph 1, of the Convention. Para. 227
> 　国際司法裁判所の裁判管轄権を認めた上で、日本による南極海調査捕鯨の捕獲許可発給が、条約第8条1に規定する「科学的研究を目的とする」ものではないとした。

　日本は敗訴したが、2015 (平成27) 年、目視調査をはじめとして日本は南極海における調査捕鯨を再開した。

3) 大　陸　棚

　1945年、アメリカ大統領トルーマンは、大陸棚の天然資源はアメリカの管轄だとする宣言を行った。その後、1958年、大陸棚条約が採択され、水深200 mまたは200 mを越える場合は開発可能なところまで沿岸国の排他的権利がおよぶとされた (大陸棚条約1条)。

　国連海洋法条約は、「沿岸国の大陸棚とは、当該沿岸国の領海を越える海面下の区域の海底及びその下であってその領土の自然の延長をたどって大陸縁辺部の外縁に至るまでのもの又は、大陸縁辺部の外縁が領海の幅を測定するための基線から200海里の距離まで延びていない場合には、当該沿岸国の領海を越える海面下の区域の海底及びその下であって当該基線から200海里の距離までのものをいう」と規定する (76条1)。沿岸国が領海の基線から200海里を越える大陸棚を設定しようとする場合は、200海里を越える大陸棚に関する情報を大陸棚限界委員会に提出し、大陸棚限界委員会は、沿岸国が提出した情報を検討し勧告を行う。沿岸国がその勧告に基づいて設定した大陸棚の限界は、最終的なものとし、かつ、拘束力を有する (76条8)。

　大陸棚紛争が生じるのはその境界である。前述のように、1969年の北海大陸棚事件判決では、大陸棚の境界は衡平の原則に従い、あらゆる事情を考慮して当事国の合意によって定めるとした。

　大陸棚限界委員会は、国連海洋法条約附属書Ⅱ第1条に基づき設置されており、大陸縁辺部が200海里を越えて延びている場合、同条約が定める一定の条

件の下で200海里を越えて大陸棚を設定できる旨を規定している。日本については、2海域（四国海盆海域および沖大東海嶺南方海域）が認められた。

4）深 海 底

マルタ国連大使パルドの提案により、1970年、深海底はどこの国の管轄権にも属さないとする深海底を律する宣言（総会決議）が採択された。そして、国連海洋法条約に結晶化した。深海底およびその資源は、人類の共同の財産である（136条）。どこの国の管轄権にも服さず（137条1項）、深海底資源への権利は人類全体に属する（2項）。また、深海底の平和利用が規定されている（141条）。深海底資源は国際海底機構による管理が行われる。

ところが、深海底資源の開発をめぐって先進国と途上国の対立が起こった。深海底資源の開発技術を持っているのは一部の先進国である一方、開発途上国は開発技術を持っていない。深海底の上部は公海であり、先進国は自由な開発を望んでいる。一方途上国は国際海底機構の管理による衡平な資源配分を望んでいる。アメリカは、深海底資源の開発について条約内容が途上国に有利な内容だとして国連海洋法条約を批准していない。

そこで1994年、「国連海洋法条約11部の規定の実施に関する協定」が採択された。実質上国連海洋法条約11部を修正した協定である。しかし、条約を修正する実施協定を条約の枠外で採択することができるのかという疑問が提起されている。締約国の機構に対する支払い負担の軽減、強制的技術移転・生産制限は不適用等の内容であり、先進国の批准をもくろんだものであるがアメリカは批准していない。

3. 空

空は領空（領海上空）、排他的経済水域上空、公空（公海上空）に分かれ、防空識別権を設定する国もある。防空識別圏は安全保障および警察上の理由から領空に接する空域に設けることができるが、公海および排他的経済水域の上空飛行の自由を妨げてはならない。

1919年国際航空条約（パリ条約）で完全かつ排他的な主権（領空主権）が規定され、1944年国際民間航空条約（シカゴ条約）でも確認されている。

1）不定期航空

シカゴ条約は不定期航空に限って空の自由を認める。民間航空機のみに適用され、締約国への領域内の飛行、領域内の無着陸横断飛行、運輸目的以外（給油、機体整備など）で着陸する権利を規定する。

2）定 期 航 空

以下のように、国際航空業務通過協定（2つの自由）と国際航空運送協定（5つの自由）が規定されている。

(1) 他国領域の無着陸横断
(2) 運輸以外の目的での着陸
(3) 自国内で積み込んだ旅客、貨物、郵便物を外国で積みおろす自由
(4) 自国向けの旅客、貨物、郵便物を外国で積み込む自由
(5) 外国と、外国で運輸を行う自由（以遠権）。ただし第三国との間で航空協定が必要である。

これらの協定は締約国が少なく機能していない。現状は二国間航空協定による。路線権（決定された路線を使用する権利）が定められている。

大韓航空機事件

　ニューヨークを出発した大韓航空のボーイング747が1983年9月1日に、ソビエト連邦の領空を侵犯したために、戦闘機により撃墜された事件である。乗員乗客全員が死亡した。なぜ領空侵犯が行われたかは現在でも不明である。本事件以後、シカゴ条約3条の2が新設され、民間航空機に対し、武器の使用をひかえ、要撃の場合は航空機内の人命、航空機の安全を危うくしてはならないという規定が追加された。

4．宇　　　宙

1957年、旧ソ連が史上初の人工衛星、スプートニク1号を打ち上げたことにより宇宙の国際的管理に関心が集まった。その結果、1966年、宇宙条約が採択された。

宇 宙 条 約

①宇宙空間の探査、利用はすべての国の利益のために行われ、全人類に認められる活動分野（1条）。

②領有禁止（2条）。

③軍事利用の禁止。核兵器その他の大量破壊兵器を地球の周回軌道に乗せることを禁止した（4条）。当時は米ソの冷戦下にあり、大陸間弾道弾が定義に該当しないように配慮された。したがって宇宙空間に向けた軍事衛星の打ち上げは許される。実際は人工衛星のほとんどがスパイ衛星であるといってもよい。

④国家への責任集中。非政府団体の行為も国家の行為とされ、国家が責任を負う（6条）。

1972年、無過失無限の賠償責任を規定した宇宙損害責任条約が採択され、1979年、月その他の天体と資源は人類の共同財産であり、天体の非軍事化を規定した月協定が採択された。1998年、宇宙ステーションでの管轄権などを定めた宇宙基地協定が採択された。同協定には締約国間の民事責任の放棄の規定がある。

1980年代後半、スペースデブリの問題が発生した。スペースデブリとは制御不能となった人工衛星や打ち上げに使われたロケットの一部、塗料片などである。高速で飛んでいるため人工衛星に衝突する可能性が高い。1993年、機関間スペースデブリ調整委員会 IADC（Inter-Agency Space Debris Coordination Committee）が設立され、スペースデブリ軽減のためのガイドラインが策定されている。

コスモス954号事件

1978年1月24日、旧ソ連の原子炉衛星コスモス954号がカナダ北西部の無人地帯に墜落した。放射能を浴びた破片が600kmにわたって飛び散った。

カナダ政府は1972年の宇宙物体により引き起こされる損害についての国際責任に関する条約に基づいて604万1174ドル70セントの賠償を請求した。これに対し1981年、ソ連は300万ドルの支払いに同意した。

第2節　領土問題

国家領域は領土、領水（内水、領海）、領空からなる。国家領域においては、領域主権が国際法上保障されている。領域主権とは、領域内の人やものに関し

て国家が排他的管轄権を持つことである。ただし、無害通航権や領域使用の管理責任という国際法上の制限がある。領域使用の管理責任とは、自国の管轄下にある活動が他国に損害を及ぼさないように国家は管理する責任を負うという考え方であり、トレイル熔鉱所事件仲裁判決や人間環境宣言原則21に現れている。

トレイル熔鉱所事件は、カナダのブリティッシュコロンビア州のトレイル熔鉱所から排出された亜硫酸ガスがアメリカ合衆国ワシントン州の農作物や森林に被害を与えた事件である。

領土の得喪

1）権　　原

領有権を取得するのに必要な法律上の根拠を権原（先占、時効、割譲、併合、征服、添付）という。

(1) 先占　国家が領有の意思（公の地図への掲載など）を持って実効的に占有し（国旗をたてるだけでは不十分）、無主の土地（国際法上どこの国の領域にも属していない）を自己の領域にする。国家もしくは国家機関の行為でなければならない。植民地に対してヨーロッパ列強は先占の理論を用いていた。したがって原住民が生活していても無主の地とみなしていた。

　西サハラ事件（ICJ勧告的意見　1975.10.16）において、西サハラがスペインによって植民地とされた時期（1884年）の国家実行（国家による行為）によれば、社会的政治的組織を有する部族や人民が居住する地域は無主地とはみなされないとした。

(2) 添付　海底火山の噴火など自然現象に基づく領土の増加である。

(3) 割譲　領土の一部が合意により、他の国家に譲渡される。ロシアがアラスカを1867年に720万USドルでアメリカに割譲した例がある。

(4) 併合　領土の全部譲渡である。

(5) 征服　実効的支配と領有の意思が必要であるが、現代国際法に反する。

(6) 時効　領有権の帰属が不明確な土地を相当な期間、平穏かつ公然に占有していれば時効が成立する。他国の抗議があると成立しない。

2）国境画定の基準

基本原則は関係国間の明示または黙示の合意であるが、ラテンアメリカにおいては、複数国家の独立の際には独立当時の植民国家の行政区画に従うとするウティ・ポシディティス（uti possidetis）原則がとられた。

ブルキナファソ・マリ国境確定事件（ICJ 仮保全措置命令　1986.12.22）において、自決権との抵触可能性を指摘しつつ、新独立国間の国境紛争を防止し、自決権行使に基づく独立達成を強化する役割を果たしてきたと評価した。ウティ・ポシディティス原則が普遍的妥当性を持つ一般国際法の性質を有しているとした。

国際河川においては、航行可能な水路の中央線を国境線とするタールベーク（Thalweg）の原則がとられている。

3）北方領土

1943年のカイロ宣言によって領土不拡大原則がとられた。ポツダム宣言は、日本の領土に関して「『カイロ』宣言ノ条項ハ履行セラルヘク又日本国ノ主権ハ本州、北海道、九州及四国並ニ吾等ノ決定スル諸小島ニ局限セラルヘシ」と規定する。

対日平和条約が最終処理であり、千島列島、樺太南部に対するすべての権原を放棄した。

ロシアの主張は千島列島が終戦後に引き渡されるとしたヤルタ協定だが、日本はヤルタ協定が密約であり、領土移転の効力を持たないとする（表5-1）。

1956年に締結された日ソ共同宣言では平和条約締結後、歯舞、色丹を引き渡すと規定するが、2016年10月現在、まだロシアとの間に平和条約は締結されていない。

1993年、東京宣言では明確な交渉指針が示され、2001年イルクーツク声明

表5-1　北方領土に対する日本およびロシアの主張

	日本の主張	ロシア（旧ソ連）の主張
対日平和条約	ソ連は当事国でないこと、およびどの国に放棄したのかの明示がない。	対日平和条約2条cで日本は領有権を放棄している。
領土不拡大原則	カイロ宣言による領土不拡大の原則。ソ連の占拠行為は領土不拡大原則違反である。	
千島列島	千島列島に択捉、国後、歯舞、色丹は入らないと主張。	対日平和条約2条c

第5章　主権と領域

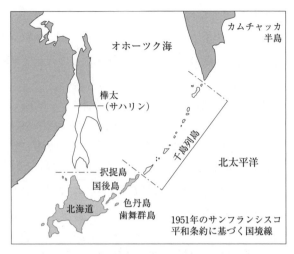

図 5-3　北方領土

出典）外務省ホームページ「われらの北方領土 2015 年版」（http://www.mofa.go.jp/mofaj/press/pr/pub/pamph/hoppo6.html）。

では平和条約締結が再確認された。その後、ロシアとの間では外交交渉が行われている。

4）南　極

南極条約は南緯 60 度以南の地域に適用され、以下の内容である。
(1) 南極地域の平和的利用（軍事基地の建設、軍事演習等の禁止）(1 条)
(2) 科学的調査の自由と国際協力の促進 (2 条、3 条)
(3) 南極地域における領土権・請求権の凍結 (4 条)
(4) 核爆発の禁止。放射性廃棄物の処分の禁止 (5 条)
(5) 条約遵守を確保するための相互査察 (7 条)
(6) 南極地域に関する共通の利害関係事項についての協議。条約原則・目的を助長するための措置を立案する会合の開催 (9 条)

南極には多くの生物・非生物資源が埋蔵されているが、開発によって環境破壊が行われるのを懸念して、1988 年、「南極の鉱物資源活動の規制に関する条約」が採択された。1991 年には、「環境保護に関する南極条約議定書」が採択され、議定書発効後 50 年間の鉱物資源開発禁止が決定した。日本の国内法として「南極地域の環境の保護に関する法律」がある。

第6章

安全保障

第1節　国内社会と安全保障

1. 日本国憲法成立史

日本国憲法は大日本帝国憲法の改正という形で成立した。表6-1にその経緯を示す。

憲法問題調査委員会試案は、大日本帝国憲法と同じ天皇主権の考え方が盛り込まれていたため、連合国軍最高司令官総司令部（GHQ）はこれを容認しなか

表6-1　日本国憲法成立年表

年月日	事項
1945年8月14日	ポツダム宣言受諾
10月25日	憲法問題調査委員会発足
1946年2月1日	憲法問題調査委員会試案を毎日新聞がスクープ
2月8日	憲法改正要綱を連合国軍最高司令官総司令部（GHQ）に提出
2月13日	GHQが総司令部案（マッカーサー草案）を提示
4月17日	帝国憲法改正草案を発表
6月20日	第90回帝国議会に帝国憲法改正案提出
8月24日	衆議院可決
10月6日	貴族院可決
10月29日	枢密院可決
11月3日	日本国憲法公布
1947年5月3日	日本国憲法施行

出典）鈴木昭典『日本国憲法を生んだ密室の9日間』角川文庫、2014年から作成。

った。

マッカーサー草案（原文は英文である）の中心となったマッカーサー3原則は以下の内容である。

① 天皇は国家の元首の地位にある。皇位は世襲される。天皇の職務および権能は、憲法に基づき行使され、憲法に表明された国民の基本的意思に対し責任を負う。

② 国権の発動たる戦争は、廃止する（abolish）。日本は、紛争解決のための手段としての戦争、さらに自己の安全を保持するための手段としての戦争をも放棄する（renounce）。日本はその防衛と保護を、現在、世界を動かしつつある崇高な理想に委ねる。日本が陸海空軍を持つ権能は、将来も与えられることはなく、交戦権が日本軍に与えられることもない。

③ 日本の封建制度は廃止される。華族の権利は、皇族を除き、現在生存する者一代以上には及ばない。華族の地位は、今後どのような国民的または市民的な政治権力を伴うものではない。予算の型は、イギリスの制度に倣う。

日本国憲法は主権を回復していない占領下において制定されたものであるが、国会の審議を経て大日本帝国憲法の改正という形で成立した。

2. 日本国憲法の平和主義

日本国憲法は前文および9条において平和主義をうたっている。

9条に規定する「国権の発動たる戦争」は、国家主権の発動としての戦力の行使を意味する。戦争の条約上の定義はないが、戦争は宣戦布告によって行わなければならない（開戦に関する条約）。「武力の行使」は宣戦布告をしていない紛争を指す。

1）憲法9条の解釈

(1) 9条1項の解釈

1項の解釈で問題となるのは「国際紛争を解決する手段」という規定である。

A説　「国際紛争を解決する手段」は侵略戦争を指しているとし、自衛戦争は放棄されていないとする。

B説　戦争は国際紛争解決のために行われるのであり、すべての戦争を放棄すると解釈する。

(2) 9条2項の解釈

「前項の目的を達するため」という規定は、マッカーサー草案にはなかったが国会で修正が加えられたものである。この部分が加えられたため解釈の余地が広がった。

　C説　　A説をとり、「前項の目的を達するため」を侵略戦争放棄の目的と解釈する。したがって自衛戦争のための戦力は保持することができる。

　D説　　A説をとり、「前項の目的を達するため」を「正義と秩序を基調とする国際平和を誠実に希求」することが目的だと解釈する。したがってすべての戦力を保持することができない。

では、「戦力」とは何か？ 政府解釈によると「自衛のために必要な最小限度の実力」は戦力にあたらないとする。

2）自衛隊および駐留米軍

(1) 自　衛　隊

朝鮮戦争の勃発とともに1950（昭和25）年に警察予備隊が創設され、旧日米安保条約締結に伴って1952（昭和27）年に警察予備隊は保安隊に改組された。そして、自衛隊法を根拠として1954（昭和29）年に自衛隊が発足した。自衛隊が合憲か違憲かをめぐっては様々な訴訟が起こされてきた。

恵庭事件（札幌地判昭和42.3.29）
【事案の概要】北海道恵庭町（当時）にある陸上自衛隊演習場の通信回線が、牛乳の生産量が演習騒音によって減少したことに不満をもった近隣の酪農家によって切断された。通信回線は自衛隊法121条の「その他の防衛の用に供する物」に該当するかどうかが争われた事件である。
【判旨】被告人両名の切断した本件通信線が自衛隊法121条にいわゆる「その他の防衛の用に供する物」にあたるか否かを検討してみるに、前判示のごとく、例示物件に見られる一連の特色とのあいだで類似性が是認せられるかどうかについては、つとめて厳格な吟味を必要とするのであるが、本件通信線が自衛隊の対外的武力行動に直接かつ高度の必要性と重要な意義をもつ機能的属性を有するものといいうるか否か、自衛隊の物的組織の一環を構成するうえで不可欠にちかいだけの枢要性をそなえているものと評価できるか否か、あるいは、その規模・構造等の点で損壊行為により深刻な影響のもたらされる危険が大きいと考えられるかどうか、ないしは、同種物件による用法上の代たいをはかることが容易でないと解されるかどうか、これらすべての点にてらすと、多くの実質的疑問が存し、

> かつ、このように、前記例示物件との類似性の有無に関して実質的な疑問をさしはさむ理由があるばあいには、罪刑法定主義の原則にもとづき、これを消極に解し、「その他の防衛の用に供する物」に該当しないものというのが相当である。

　恵庭事件判決では、「裁判所はその他の防衛の用に供する物」に該当しないとして、被告人を無罪とし、被告人の行為が無罪である以上、憲法判断を行う必要はないとして裁判所は憲法判断を回避した（憲法判断回避原則）。
　長沼ナイキ基地事件判決では、防衛庁による代替施設の設置によって自然災害の危険性がなくなったので訴えの利益がないとし、憲法判断を行わなかった。

長沼ナイキ基地事件（最判昭和57.9.9）
【事案の概要】北海道夕張郡長沼町に航空自衛隊の地対空ミサイル基地を建設するため、農林大臣が1969（昭和44）年、森林法に基づき国有保安林の指定を解除した。これに対し反対する住民が、基地に公益性はなく自衛隊は違憲、保安林解除は違法と主張して、処分取消訴訟を起こした。
【判旨】法は、森林の存続によつて不特定多数者の受ける生活利益のうち一定範囲のものを公益と並んで保護すべき個人の個別的利益としてとらえ、かかる利益の帰属者に対し保安林の指定につき「直接の利害関係を有する者」としてその利益主張をすることができる地位を法律上付与しているものと解するのが相当である。そうすると、かかる「直接の利害関係を有する者」は、保安林の指定が違法に解除され、それによつて自己の利益を害された場合には、右解除処分に対する取消しの訴えを提起する原告適格を有する者ということができるけれども、その反面、それ以外の者は、たといこれによつてなんらかの事実上の利益を害されることがあつても、右のような取消訴訟の原告適格を有するものとすることはできないというべきである。上告人らの原告適格の基礎は、本件保安林指定解除処分に基づく立木竹の伐採に伴う理水機能の低下の影響を直接受ける点において右保安林の存在による洪水や渇水の防止上の利益を侵害されているところにあるのであるから、本件におけるいわゆる代替施設の設置によつて右の洪水や渇水の危険が解消され、その防止上からは本件保安林の存続の必要性がなくなつたと認められるに至つたときは、もはや乙と表示のある上告人らにおいて右指定解除処分の取消しを求める訴えの利益は失われるに至つたものといわざるをえないのである。

(2) 駐留米軍
　砂川事件判決では、政治的な問題は一見極めて明白に違憲無効であると認め

られない限りは、裁判所の司法審査権の範囲外のものであるという統治行為論をとった。

> **砂川事件（最大判昭和 34.12.16）**
> 【事案の概要】基地拡張に反対するデモ隊の一部が、砂川町（当時）にあるアメリカ軍基地内に立ち入ったとして、「日本国とアメリカ合衆国との間の相互協力及び安全保障条約」6条に基づく「施設及び区域並びに日本国における合衆国軍隊の地位に関する協定の実施に伴う刑事特別法」違反で起訴された事件である。
> 【判旨】本件安全保障条約は、前述のごとく、主権国としてのわが国の存立の基礎に極めて重大な関係をもつ高度の政治性を有するものというべきであつて、その内容が違憲なりや否やの法的判断は、その条約を締結した内閣およびこれを承認した国会の高度の政治的ないし自由裁量的判断と表裏をなす点がすくなくない。それ故、右違憲なりや否やの法的判断は、純司法的機能をその使命とする司法裁判所の審査には、原則としてなじまない性質のものであり、従つて、一見極めて明白に違憲無効であると認められない限りは、裁判所の司法審査権の範囲外のものであつて、それは第一次的には、右条約の締結権を有する内閣およびこれに対して承認権を有する国会の判断に従うべく、終局的には、主権を有する国民の政治的批判に委ねられるべきものであると解するを相当とする。

3）安全保障法制

2015年に公布された新規制定法として、「国際平和共同対処事態に際して我が国が実施する諸外国の軍隊等に対する協力支援活動等に関する法律」（国際平和支援法）および改正法として「我が国及び国際社会の平和及び安全の確保に資するための自衛隊法等の一部を改正する法律」（平和安全法制整備法）がある。

事態対処法制

事態対処法制では「存立危機事態」への対処が新設され、以下の「新三要件」のもとで、「武力の行使」を可能にした。

(1) わが国に対する武力攻撃が発生したこと、またはわが国と密接な関係にある他国に対する武力攻撃が発生し、これによりわが国の存立が脅かされ、国民の生命、自由および幸福追求の権利が根底から覆される明白な危険があること。

(2) これを排除し、わが国の存立を全うし、国民を守るために他に適当な手段がないこと。

表6-2 「平和安全法制」の構成

整備法（一部改正を束ねたもの）

平和安全法制整備法：我が国及び国際社会の平和及び安全の確保に資するための自衛隊法等の一部を改正する法律
1. 自衛隊法
2. 国際平和協力法 国際連合平和維持活動等に対する協力に関する法律
3. 周辺事態安全確保法 → **重要影響事態安全確保法**に変更 **重要影響事態**に際して我が国の平和及び安全を確保するための措置に関する法律
4. 船舶検査活動法 **重要影響事態等**に際して実施する船舶検査活動に関する法律
5. 事態対処法 武力攻撃事態等**及び存立危機事態**における我が国の平和及び独立並びに国及び国民の安全の確保に関する法律
6. 米軍行動関連措置法 → 米軍等行動関連措置法に変更 武力攻撃事態等**及び存立危機事態**におけるアメリカ合衆国**等**の軍隊の行動に伴い我が国が実施する措置に関する法律
7. 特定公共施設利用法 武力攻撃事態等における特定公共施設等の利用に関する法律
8. 海上輸送規制法 武力攻撃事態**及び存立危機事態**における外国軍用品等の海上輸送の規制に関する法律
9. 捕虜取扱い法 武力攻撃事態**及び存立危機事態**における捕虜等の取扱いに関する法律
10. 国家安全保障会議設置法

新規制定（1本）

国際平和支援法：国際平和共同対処事態に際して我が国が実施する諸外国の軍隊等に対する協力支援活動等に関する法律

※上記のほか、技術的な改正を行う法律が10本（附則による処理）
出典）内閣官房HP（http://www.cas.go.jp/jp/gaiyou/jimu/housei_seibi.html）。

(3) 必要最小限度の実力行使にとどまるべきこと。

　政府の従来の解釈は、集団的自衛権の権利は有するが行使はできないとするものであったが、国際情勢の変化に伴って、2014（平成26）年7月の憲法解釈の変更によって集団的自衛権の行使が可能になり、安全保障法制がその裏付けとなった。

　事態対処法制によって集団的自衛権の行使が可能になり、改正重要影響事態法により日本周辺以外でも他国軍を後方支援することができ、国際平和支援法により紛争に対処する他国軍の後方支援が可能になり、改正PKO協力法によ

り駆けつけ警護が認められた。また、改正自衛隊法で平時において共同で警戒監視中の米軍機や米艦を防護できるようになった。

第2節　国際社会と安全保障

　第一次世界大戦後、1920年に成立した国際連盟は、総会の決定方式が全会一致方式であり、軍事的措置をとれなかったことで事実上紛争解決には無力であった。戦争の禁止が規定されたのは1928年の不戦条約であるが、戦争の定義は規定されていない。戦争の禁止および武力行使の禁止が規定されたのは国連憲章2条4においてである。ただし、例外として強制措置（憲章42条）と自衛権（憲章51条）がある。

1.　集団安全保障

　18～19世紀には勢力均衡方式がとられていたが、先進国による植民地の分配の完了により勢力均衡方式は崩壊し、軍拡競争や同盟の拡大による対立関係の激化を招いた。

　第二次世界大戦後は国連による集団安全保障体制がとられるようになった。特に国連憲章の中心は集団安全保障の構築であった。国連憲章第7章に規定がある（図6-1）。

　1950年の朝鮮戦争の際、安保理は北朝鮮の攻撃を「平和の破壊」と決定し、韓国に援助を与えるように勧告した。このときソ連は中国の代表権問題で安保理をボイコットしたので拒否権は行使されなかった。一般的には朝鮮国連軍と呼ばれているが、国連憲章上の国連軍ではない。

　1950年、総会において「平和のための結集決議」がなされた。これは安保理が機能しない場合に総会が集団的措置を勧告することができるとしたものである。

　米ソの冷戦下では拒否権の応酬が行われてきたが、1980年代末の冷戦終結により常任理事国の意見の一致が見られる場合が多くなった。

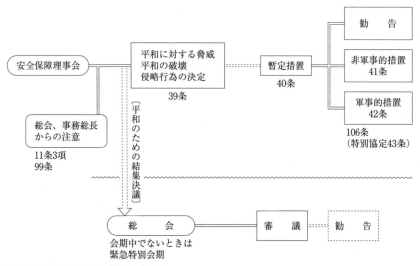

国際連合の集団安全保障措置の特徴
1. 安全保障理事会の決議に従って加盟国が協力する体制が組織的にとられている（拒否権の問題がある）。
2. 強制措置の適用範囲が、平和に対する脅威、平和の破壊または侵略行為に対するものとされている点でその適用範囲が広い。
3. 43条、45条に見られるように軍事的措置がとられる準備ができている。

図 6-1　国際連合の集団安全保障

1990年8月イラクのクウェート侵攻に際して安保理決議678が採択され、多国籍軍への武力行使授権が盛り込まれた。

> **拒否権**
> 国連憲章に拒否権という言葉は出てこない。「その他のすべての事項に関する安全保障理事会の決定は、常任理事国の同意投票を含む9理事国の賛成投票によって行われる」（憲章27条3）の規定が拒否権の内容を表している。拒否権が行使されると決定は成立しない。

2. 平和維持活動（PKO）

PKOは国連の集団安全保障体制が有効に機能しなかった冷戦下での制度である。伝統的なPKOにおいては、停戦の監視、非武装地帯の巡視、兵力の引

き離しなど中立的・非強制的性格をおび、中立性のため兵力は利害関係国を除く中立国や中小国で構成されていた。また、非武装または軽装備であり、武器の使用は原則自衛の場合に限られていた。ただし、関係国の同意、派遣先国、兵力提供国の同意が必要（同意の原則）であった。

冷戦後のPKOは治安の維持、選挙監視、難民の保護、人道援助など活用内容の多様化が見られる。また、1991年設立のイラク・クウェート監視団（UNIKOM）は憲章7章によって決定され、五大国が参加した。

1992年6月ガリ事務総長は、「平和への課題」で平和執行型PKOを提唱した。平和執行型とは憲章によって定められた侵略行為を停止させるための武力行使を指し、平和執行部隊によって行われる。

ボスニア紛争において国連保護軍（UNPROFOR）が安保理決議836によって武力の行使を含む「必要な措置」をとる決定がなされた。その結果NATO軍によるセルビア人勢力に対する空爆が行われた。

1993年、人道援助目的でソマリアPKO（UNOSOM II）が設立されたが、国連側に犠牲者が出るなどして撤退した。平和執行型PKOの失敗であった。

ソマリアPKOの失敗を受けて、ガリ事務総長は1995年、「平和への課題追補」を発表し、従来のPKOに戻ることをうたっている。

> **ボスニア紛争**
> 　ユーゴスラビアは多民族国家であった。1991年のユーゴスラビア紛争に伴い1992年3月、ボスニア・ヘルツェゴビナは独立を宣言したが、ムスリム人（44％）、セルビア人（33％）、クロアチア人（17％）から構成されていた。この中でセルビア人は分離独立を目指したため、軍事衝突が起こった。民族浄化が行われ、特に1995年7月12日セルビア人勢力がスレブレニツァのムスリム人8000人以上を殺害したスレブレニツァの虐殺が起こった。12月14日にはパリでデイトン合意が調印されて戦闘は終結した。なお、スレブレニツァの虐殺は、旧ユーゴスラビア国際刑事裁判においてジェノサイドと認定された。

第6章　安全保障

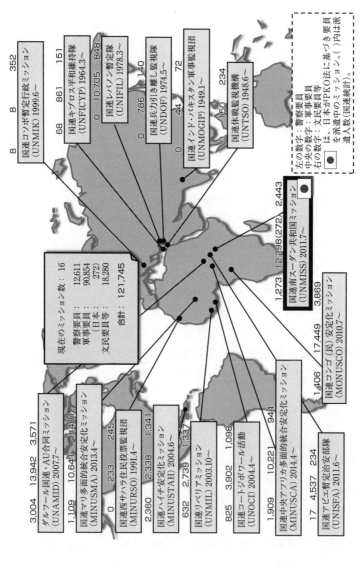

図 6-2　国連 PKO の展開状況

(※)　わが国は PKO 法に基づく UNMISS（南スーダン）に 353 名の要員を派遣中。ただし、わが国要員のうち、国連にとって経費が嵩まれない要員は、国連統計上の要員数に含まれない。
資料：外務省ホームページ等（軍事・警察要員に関しては 2016（平成 28）年 6 月末現在。文民要員等に関しては 2016 年 4 月末現在）。
出典：外務省（http://www.mofa.go.jp/mofaj/files/000019806.pdf）。

3. 自　衛　権

　自衛権は急迫不正の侵害に対し反撃することができる国家の基本的権利であり、個別的自衛権および集団的自衛権に分かれる。
　自衛権が最初に問題となった事件がカロライン号事件である。

> **カロライン号事件**
> 　カロライン号事件は、1837年12月29日イギリス領カナダに停泊していたアメリカ合衆国船籍のカロライン号をイギリス海軍が急襲した事件である。イギリスは、イギリスからの独立をもくろんだ反徒がカロライン号を利用していたという理由で、自衛権行使であるとした。その際、アメリカ国務長官ダニエル・ウェブスターがイギリスに対し要求した「必要性」と「均衡性」の要件が、国際慣習法として確立する。紛争はイギリスの陳謝によって解決した。

1）自衛権行使の要件
　(1) 緊急性　　武力攻撃の発生である。武力攻撃が発生していない段階でなされる先制的自衛が認められるかどうかは論争がある。今日、核兵器保有国が複数存在する国際社会では、核兵器による攻撃の場合、先制的自衛が認められる余地がある。1981年6月7日にイスラエル空軍がイラクのバグダッド近郊にあった原子炉を爆撃した事件では、イスラエルの先制的自衛に対し、イスラエルの行為を非難する安保理決議487が採択されている。
　(2) 必要性　　他に手段がないこと。
　(3) 均衡性　　攻撃と反撃の均衡がとれていること。

4. 集団的自衛権

　集団的自衛権とは自国と連帯関係にある他国が攻撃された場合、自国の利益侵害とみなし攻撃する権利である。

> **ニカラグア事件（ICJ判決 1986.6.27）**
> 【事案の概要】1979年、反政府組織サンディニスタ民族解放戦線による新政権が誕生した。アメリカはニカラグアがソ連の米州進出やテロの拠点となっているとし、反政府組織コントラを支援するようになった。ニカラグアの反政府武装組

織コントラに対して大規模な資金供与を行ったことや、CIA 職員によって雇用された者がニカラグアの港に機雷を敷設して損害を発生させるなど、アメリカがニカラグアに対し武力行使と内政干渉を行っているとしてニカラグアは ICJ に提訴した。アメリカはエルサルバドル、ホンジュラス、コスタリカに対するニカラグアの武力攻撃・ゲリラ支援に対応した集団的自衛権の行使であったと主張した。
【判旨】集団的自衛権を国際法上の権利として認めた上で、被攻撃国が武力攻撃を受けたことを宣言し、被攻撃国からの要請がある場合に限定した。

集団的自衛権はアメリカの提案であった。地域的機関の強制措置は安保理の許可が必要だった。第二次世界大戦終結後実質的に米ソの冷戦が始まっていたため、拒否権制度により地域的紛争処理が有効に働かないという理由で、国連憲章 51 条に規定された。

1) NATO

集団的自衛権は北大西洋条約機構（NATO）に見られる。5 条で集団的自衛権を規定している。冷戦終結後は東側のワルシャワ条約機構がなくなったこともあり、NATO の目的はヨーロッパの平和と秩序維持へと重点が移っている。ユーゴスラビア紛争では安保理の強制措置が行われ、PKO 活動支援の空爆が NATO を通じて実施された。

2) 日米安保条約

日米安保条約 5 条は「日本国の施政の下にある領域におけるいずれか一方に対する武力攻撃」があった場合にのみ行動するという片務的規定になっているが、憲法の解釈変更および安全保障法の成立・施行によって集団的自衛権の行使が可能になった。

5. 国際人道法

国際法の父といわれるグロチウスは、三十年戦争の悲惨な状況を目の当たりにし、『戦争と平和の法』を執筆した。今日、国連憲章により戦争や武力行使は禁止されているが、人類の歴史の中で紛争が途絶えたことがない。人類はなんと愚かな生物なのだろうか。このような現状の中、紛争時に一定のルールがないと紛争において人間の行為はますます残虐さを増してくる。近代国際法の時代、戦争による紛争解決が合法であった時代には、国際法は平時国際法と戦

時国際法に分かれていたが、現代国際法において戦時国際法は国際人道法の分野に入った。国際人道法は交戦法規と中立法規に区分される。

1) 交戦法規

戦闘手段や戦闘方法の規制を規定したものがハーグ法であり、武力紛争犠牲者の保護を規定したのがジュネーブ法である。

(1) ハーグ法

基本原則として、第1に軍事目標主義があり、軍事目標のみが攻撃の対象とされる。第2に過度の傷害や不必要な苦痛を与える武器使用は禁止されるという原則である。

1907年ハーグ陸戦規則では、防守地域には無差別砲撃が認められるが、無防守地域へは軍事目標のみに対し砲撃が認められると規定する。ジュネーブ条約第1議定書では軍事目標主義を明確に規定している (48条、49条3)。

武器使用に関する原則について、近年、核兵器、生物・化学兵器が問題となっている。

核兵器に関して、現在核保有国はアメリカ、ロシア、イギリス、フランス、中国である。1968年核拡散防止条約で保有を認められている。しかし、イスラエル、インド、パキスタン、北朝鮮が核を保有している。

核実験に関して、1963年、地下核実験以外を禁止した部分的核実験禁止条約、またすべての核実験を禁止した包括的核実験禁止条約がある。

核兵器の威嚇使用の合法性については後述の勧告的意見参照 (本書第9章、177頁)。

生物・化学兵器に関しては、第一次世界大戦で最初に毒ガス兵器が使用された。1972年、生物毒素兵器禁止条約および1993年、化学兵器禁止条約がある。いずれの条約も開発、生産、貯蔵を禁止し、化学兵器禁止条約は加えて使用も禁止している。

特定通常兵器に関しては、1997年、対人地雷禁止条約、2008年、クラスター弾に関する条約がある。

(2) ジュネーブ法

1949年の4つのジュネーブ諸条約および1977年のジュネーブ条約第1、第2追加議定書で構成される。

第6章 安全保障　　105

ジュネーブ諸条約には、各条約に共通する共通第3条がある。国際的性質を有しない武力紛争（内戦）が発生した場合の非戦闘員の保護を規定している。

共通第3条
　締約国の一の領域内に生ずる国際的性質を有しない武力紛争の場合には、各紛争当事者は、少なくとも次の規定を適用しなければならない。
(1) 敵対行為に直接に参加しない者（武器を放棄した軍隊の構成員及び病気、負傷、抑留その他の事由により戦闘外に置かれた者を含む。）は、すべての場合において、人種、色、宗教若しくは信条、性別、門地若しくは貧富又はその他類似の基準による不利な差別をしないで人道的に待遇しなければならない。
　このため、次の行為は、前記の者については、いかなる場合にも、また、いかなる場所でも禁止する。
　　(a) 生命及び身体に対する暴行、特に、あらゆる種類の殺人、傷害、虐待及び拷問
　　(b) 人質
　　(c) 個人の尊厳に対する侵害、特に、侮辱的で体面を汚す待遇
　　(d) 正規に構成された裁判所で文明国民が不可欠と認めるすべての裁判上の保障を与えるものの裁判によらない判決の言渡及び刑の執行
(2) 傷者及び病者（第二条約…傷者、病者及び難船者。）は、収容して看護しなければならない。
　赤十字国際委員会のような公平な人道的機関は、その役務を紛争当事者に提供することができる。
　紛争当事者は、また、特別の協定によって、この条約の他の規定の全部又は一部を実施することに努めなければならない。
　前記の規定の適用は、紛争当事者の法的地位に影響を及ぼすものではない。

---

2) 戦 闘 員

　戦闘員と非戦闘員の区別は交戦資格があるかどうかの問題である。ハーグ陸戦規則では正規軍のほかに民兵にも交戦資格を認めている。最近ではゲリラ戦が行われる中、第1追加議定書で一定期間公然と武器を携行する場合にも交戦資格が認められている（44条3）。

3) 捕　　虜

　1899年、ハーグ陸戦規則、1949年、捕虜条約、第1追加議定書に規定がある。戦闘員だけが捕虜資格を持つ。したがって、スパイや傭兵は戦闘員としての資

格がない。

4）文　　民

　戦闘で最も犠牲者となる可能性が高いのが文民である。なぜなら武装していないからである。文民とは戦闘員でないものを指す。1949 年、ジュネーブ文民保護条約では紛争当事国・占領国の権力内にあるもので紛争当事国・占領国の国民が被保護者とされる。第 1 追加議定書では難民も被保護者に含まれる。

　ハーグ法やジュネーブ法の履行が重要な問題である。戦闘状態になると異常な事態の中これらの法が守られない可能性が大きい。履行違反に関しては、戦争犯罪を裁く国際刑事裁判の制度がある。

5）中　　立

　国家は戦争になった場合、戦争に参加しないという中立の自由を有している。中立国は交戦国に戦争に関する援助を与えてはならない避止義務、自国領域が戦争のために利用されないようにする防止義務、戦争によって自国民が不利益を受けることを黙認する黙認義務がある。

第7章

環境保全

第1節 環境保全と国内社会

1. 歴　　史
1) 公害の発生期

　公害は、産業活動から自然の自浄能力をうわまわる汚染物質の排出や有害物質の排出が行われることによって起こる。日本における最初の公害問題として足尾鉱毒事件をあげることができる。1890（明治23）年の渡良瀬川流域の洪水による鉱毒流出をきっかけに農作物に被害をもたらした。栃木県会によって示談がすすめられ、示談契約が結ばれたが、1896（明治29）年の洪水で問題が再燃した。政府は工業条例に基づいて、古河市兵衛に対し、停止を含む鉱毒予防命令を出した。また、田中正造は議会で解決のために活躍した。そして、谷中村を遊水池にし、鉱毒を沈殿させる案が出され、結果的に谷中村は廃村となった。最終的な解決は1974（昭和49）年に公害等調整委員会で調停が成立し、古河鉱業所は責任を認め15億5000万円の補償金を支払った。

　1960年代には、救済制度が不十分だったため、水俣病、イタイイタイ病などの公害裁判が起こされた。

2) 公害対策の初期

　第二次世界大戦後、工場からの排煙規制は地方自治体による条例制定によって行われた。たとえば1949（昭和24）年、東京都工場公害防止条例が制定された。また、浦安漁民騒動をきっかけとして、1958（昭和33）年、水質二法（公共用水

域の水質の保全に関する法律と工場排水等の規制に関する法律）が制定された。

　水質二法の特徴は、第1に目的が産業の相互協和であった（調和条項）。第2に指定水域制度であり、指定水域外は対象とならなかった。第3に濃度規制が採用され、薄めればいくらでも排出が可能であった。しかし、産業優先という当時の時代背景から考えると画期的な内容であったということができる。

　1950年代半ばから石油化学による工業化が進み、多くの工業都市でも大気汚染が深刻化し、公害が原因のぜんそくが問題となった。この問題に対応するため、1962（昭和37）年に煤煙規制法が成立した。

浦安漁民騒動

　1958年4月7日、本州製紙江戸川工場から有害な排水が出ているのが発見され、これに対して漁業組合関係者が抗議したが、受け入れられず、同年6月10日、漁業組合関係者が工場内に乱入するという事態を招いた。漁民たちは請願におもむき、その後、国や東京都、千葉県が動き、工場からの排水が無害になるまで、工場は操業を中止するということが正式に決まった。この騒動を契機として国会で水質二法が成立する。

3）公害対策の展開期

　1960年代以降の深刻な公害発生、特に四大公害の発生（水俣と阿賀野川流域の水俣病、イタイイタイ病、四日市ぜんそく）がその後、公害訴訟へと発展する。

四大公害

　四大公害とは水俣病、新潟水俣病、イタイイタイ病、四日市ぜんそくを指す。高度経済成長期に表れた負の部分である。救済が不十分だったため、その後、訴訟へと発展する。水俣病の原因企業はチッソ、新潟水俣病は昭和電工、イタイイタイ病は三井金属鉱山、四日市ぜんそくは石原産業、昭和四日市石油、三菱化成工業、三菱油化、三菱モンサント化成、中部電力三重火力発電所、日本合成ゴム、味の素東海工場、四日市合成、日本ブタノール、松下電工、三菱江戸川化学、油化バーディッシュである。

　公害に対応するため、国は1967（昭和42）年、典型七公害（大気汚染、水質汚濁、土壌汚染、騒音、振動、地盤沈下、悪臭）を規定した公害対策基本法を制定したが、

表 7-1　水質二法と水質汚濁防止法の特徴の比較

水質二法	水質汚濁防止法
調和条項	調和条項廃止
指定水域	全水域への適用
濃度規制	総量規制（1978年改正）
規定なし	上乗せ基準
規定なし	無過失責任
規定なし	直罰制度

依然として経済調和条項が導入されていた。1968（昭和43）年、煤煙規制法に代わって大気汚染防止法が制定され、指定地域制度が導入された。その後1974年改正で総量規制を導入した。

1970（昭和45）年、いわゆる公害国会で公害関係の14の法律が制定された。公害対策基本法に関して、調和条項の削除、土壌汚染の追加、自然保護の規定の新設（17条の2）が行われた。また、水質二法に代わり水質汚濁防止法が制定された。水質汚濁防止法の特徴は、①調和条項の廃止、②全水域への適用、③自治体による上乗せ基準の許容である。しかし、依然として濃度規制が導入されていた（表7-1）。この点は1978（昭和53）年に改正され総量規制となる。さらに、④無過失責任が導入され、⑤排出基準に違反した事業者には改善命令を介さずに罰則が課される直罰制度が導入された。

> **上乗せ基準と横出し規制**
> 　上乗せ基準とは、地方自治体の条例で設定できる国の法律の基準よりも厳しい基準である。横出し規制とは、条例で国の法律の対象物質以外の物質を規制することである。

> **総量規制**
> 　一定地域の汚染物質の排出量の総量を規制する方式である。同時に一定の地域内の工場・事業場の濃度規制も行う。

第7章　環境保全　　111

> **無過失責任**
> 民法の不法行為では損害の発生について過失がある場合のみ賠償責任を負う過失責任主義がとられているが、原子力発電所など高度な危険を伴う活動が科学技術の発達によって増えてきた。このことに対応するため、過失がなくても損害賠償責任を負うとするものである。大気汚染防止法および水質汚濁防止法に無過失責任の規定がある。

　1971 (昭和46) 年まで、環境行政を直接担当する組織がなかった。縦割り行政の弊害を解消し、公害規制と関係省庁との調整を行う目的で、1971年、環境庁が設立された (2001年に環境省となる)。1972年、ストックホルム国連人間環境会議において人間環境宣言が採択された。人間環境宣言の原則はその後、条約および各国の環境法に影響を与えた。人間環境宣言は法的拘束力のないソフト・ローである。

4）環境問題の発生期

　1980年代、石油ショックによる経済の停滞観が強まり、それを打開するため内需の振興、民活が叫ばれた。都市部では建坪率、容積率の緩和が進められ、山村部では1987 (昭和62) 年の総合保養地域整備法 (リゾート法) により環境を破壊するリゾート施設がつくられた。

　大量消費社会の出現による人々のライフスタイルの変化に伴って、都市型、生活型の環境問題が大きな比重を占めるようになり、従来の公害対策は機能しなくなった。そこで、1990年代には持続可能な環境保全型社会の形成が主張されるようになる。その結果、1974年頃から環境影響評価の立法化が問題となったが、開発官庁や経済界の反対によってうまくいかなかった。国内外の批判もあり、1984 (昭和59) 年にようやく環境影響評価は要綱として閣議決定される。ただし、要綱では発電所が環境影響評価の対象から除外されており、住民参加も不十分であった。ようやく1997 (平成9) 年、環境影響評価法が公布された。

　一方で地球環境問題が顕著になってきたことから1992年に「環境と開発に関する国連会議」(UNCED) が開催された。気候変動に関しては1997年、気候変動枠組み条約京都議定書が採択され、その後、2015年締約国会議 (COP21) においてパリ協定が採択された (後述)。また、1993 (平成5) 年、環境基本法が

制定され、持続可能な社会が目指された。その結果、2000（平成12）年、拡大生産者責任の考え方を盛り込んだ循環型社会形成推進基本法を中心とした、家電リサイクル法などの各種リサイクル法が成立した。また、2013（平成25）年には小型家電リサイクル法が成立している。

土壌汚染・有害化学物質に関してはストックホルム条約およびロッテルダム条約を批准したことによる「化学物質の審査及び製造等の規制に関する法律」の改正が行われた。

生物多様性に関しては生物多様性条約・バイオセーフティ議定書や名古屋議定書が採択されている（後述）。

2. 環境影響評価（環境アセスメント）

環境影響評価とは、環境質に影響を及ぼす可能性のある人間活動について、その影響を事前に調査予測し、公表して、住民の意見を求め、反映させつつ計画を修正、決定する手法である。環境基本法20条に規定がある。

1）歴　　史

1969年にアメリカで制定された連邦環境政策法 National Environmental Policy Act（NEPA）が、国際社会における初めての環境影響評価法である。

1965（昭和40）年頃、新産業都市建設促進法、工業整備特別地域促進法によって拠点方式による工業開発がすすめられ、産業公害総合事前調査が実施された。

当時の環境アセスメントは行政内部の判断資料のためであり、情報公開や住民参加はなかった。その後、環境影響評価の制度化が進んでいく。制度化の要因となったのは公害訴訟と NEPA の成立である。公害訴訟については、昭和47年四日市ぜんそく訴訟判決では工場立地に過失があったとされ、行政の基準を満たしていても、立地の際に十分な環境調査がなされなければ損害賠償責任を被ることが明らかになった。

制度化は1972（昭和47）年「各種公共事業に係る環境保全対策について」閣議了解であり、国の公共事業に対し、あらかじめ環境影響評価の検討を行うよう義務づけ、地方公共団体に対してもこのような検討を要請している。1973（昭和48）年閣議了解に基づいて、工場立地法、港湾法、公有水面埋立法が改正された。1977（昭和52）年環境庁は、むつ小川原総合開発計画および本州四国

連絡橋児島・坂出ルートの開発に際し、環境アセスメントの指針を示した。わが国初の本格的環境アセスメントであった。

国内では 1981（昭和 56）年環境影響法案が国会に提出されたが、訴訟が増えるとの懸念から開発官庁や経済界の反対に遭い、挫折した。その後、1984 年に要綱として閣議決定した。要綱では対象事業から発電所が除外され、公聴会制度はなく、住民参加は不十分であった。要綱に基づき環境影響評価が行われた例は、東京湾横断道路、関西国際空港（大阪府の要綱、および公有水面埋立法）である。1976（昭和 51）年、川崎市が国よりも早く環境影響評価条例を制定した。

1993 年制定の環境基本法 20 条は「必要な措置を講ずるものとする」と規定したが、法的な義務づけはなかった。1997 年環境影響評価法がようやく制定され、1999（平成 11）年に施行された。その後 2014（平成 26）年に改正された。改正法の特徴は計画段階環境配慮書手続を創設したことである。

2) 法律の目的

大規模事業につき、環境アセスメントの手続を定め、環境アセスメントの結果を事業内容に反映させることにより、事業が、環境の保全に十分に配慮して行われるようにする。

3) 対 象 事 業

対象事業は、道路、ダム、鉄道、空港、発電所などである。第 1 種事業および第 2 種事業に分かれる（表 7-2）。第 1 種事業は規模が大きく環境に大きな影響を及ぼすおそれがある事業であり、必ず環境影響評価を行う事業である。第 2 種事業は環境アセスメント手続を行うかどうかを個別に判断するものである。改正法では対象事業として風力発電事業が追加された。

アセスメント法の対象とならない規模の事業は条例の対象となる。しかし、工期を区切るなどの脱法行為（アセス逃れ）が行われている。

4) アセスメント手続の流れ

環境アセスメントはどの段階で行うかによって事業アセスメント、計画アセスメント、戦略的環境アセスメントに分かれる。

表 7-2　環境アセスメントの対象事業一覧

	第1種事業 (必ず環境アセスメントを行う事業)	第2種事業 (環境アセスメントが必要かどうかを個別に判断する事業)
1　道路		
高速自動車国道	すべて	―
首都高速道路など	4車線以上のもの	―
一般国道	4車線以上・10 km 以上	4車線以上・7.5 km～10 km
林道	幅員 6.5 m 以上・20 km 以上	幅員 6.5 m 以上・15 km～20 km
2　河川		
ダム、堰	湛水面積 100 ha 以上	湛水面積 75 ha～100 ha
放水路、湖沼開発	土地改変面積 100 ha 以上	土地改変面積 75 ha～100 ha
3　鉄道		
新幹線鉄道	すべて	―
鉄道、軌道	長さ 10 km 以上	長さ 7.5 km～10 km
4　飛行場	滑走路長 2,500 m 以上	滑走路長 1,875 m～2,500 m
5　発電所		
水力発電所	出力 3 万 kW 以上	出力 2.25 万 kW～3 万 kW
火力発電所	出力 15 万 kW 以上	出力 11.25 万 kW～15 万 kW
地熱発電所	出力 1 万 kW 以上	出力 7,500 kW～1 万 kW
原子力発電所	すべて	―
風力発電所	出力 1 万 kW 以上	出力 7,500 kW～1 万 kW
6　廃棄物最終処分場	面積 30 ha 以上	面積 25 ha～30 ha
7　埋立て、干拓	面積 50 ha 超	面積 40 ha～50 ha
8　土地区画整理事業	面積 100 ha 以上	面積 75 ha～100 ha
9　新住宅市街地開発事業	面積 100 ha 以上	面積 75 ha～100 ha
10　工業団地造成事業	面積 100 ha 以上	面積 75 ha～100 ha
11　新都市基盤整備事業	面積 100 ha 以上	面積 75 ha～100 ha
12　流通業務団地造成事業	面積 100 ha 以上	面積 75 ha～100 ha
13　宅地の造成の事業[*1)]	面積 100 ha 以上	面積 75 ha～100 ha
○港湾計画[*2)]	埋立・掘込み面積の合計 300 ha 以上	

*1)「宅地」には、住宅地以外にも工場用地なども含まれる。
*2) 港湾計画については、港湾環境アセスメントの対象となる。
出典）環境省「環境アセスメント制度のあらまし」(http://www.env.go.jp/policy/assess/1-3outline/img/panph_j.pdf) 5 頁。

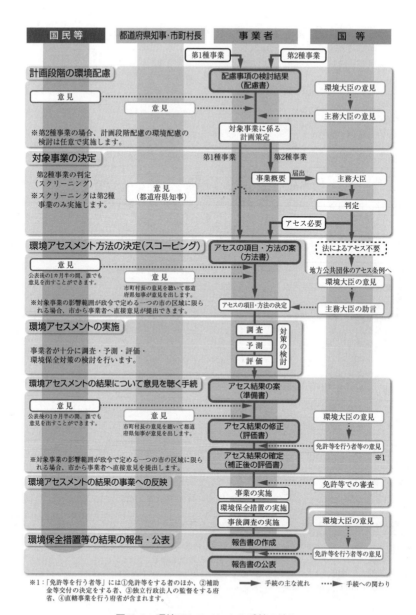

図 7-1　環境アセスメントの手続の流れ

出典）環境省「環境アセスメント制度のあらまし」(http://www.env.go.jp/policy/assess/1-3outline/img/panph_j.pdf) 6 頁。

> **戦略的環境アセスメント（Strategic Environmental Assessment）**
> 　戦略的環境アセスメントは、政策（Policy）、計画（Plan）、プログラム（Programme）段階という事業段階で行われるアセスメントより早い段階で環境アセスメントを実施するものである。理想的な環境アセスメントだということができる。

（1）配　慮　書

　配慮書は、事業の早期段階における環境配慮を可能にするため、第1種事業を実施しようとする者が、検討段階において、環境保全のための適正配慮事項について検討し、その結果をまとめた図書である。配慮書の作成の際、事業の位置、規模などについて複数案が検討される。

（2）スクリーニング

　スクリーニングは、開発事業について環境アセスメントを行うかどうかを決める手続である。Screen とはふるいにかけるという意味である。

（3）スコーピング

　スコーピングとは、環境アセスメントを行う項目を作成することである。スコーピングは大変重要である。なぜなら項目に選定されなかった場合、その項目は環境アセスメントの対象とならないからである。

（4）準　備　書

　準備書は評価書案である。準備書はウェブで1ヶ月間住民が縦覧することができる。

（5）評　価　書

　準備書の修正後（修正されない場合もある）、評価書が作成される。評価書もウェブで1ヶ月間住民が縦覧することができる。

（6）報　告　書

　事業者は、事後調査やその結果による環境状況に応じて講ずる環境保全対策について工事終了後に図書にまとめ、報告・公表する。

> **環境大臣意見**
> 　環境の保全に責任を持つ環境大臣が、国が免許等を行うすべての事業について、必要に応じて意見を述べる制度である。
> 　改正法では配慮書手続、評価項目等の選定段階および報告書手続において環境大臣が意見を述べる機会が新設された。

> **横断条項**
> 　環境の保全に配慮していない場合には許認可や補助金交付をしない規定である。

3. 廃　棄　物

　廃棄物問題は環境問題の中でも日常生活と密接に関連しており、重要な問題である。すなわち大量消費に伴う廃棄物量の増大により最終処分場が逼迫してきている。そこで最終処分場を建設しようとすると環境保護の立場から住民の反対運動が起こり、訴訟に発展する場合もある。

1) 廃棄物の定義

　「廃棄物」とは、ごみ、粗大ごみ、燃え殻、汚泥、ふん尿、廃油、廃酸、廃アルカリ、動物の死体その他の汚物又は不要物であって、固形状又は液状のもの（放射性物質及びこれによって汚染された物を除く。）をいう（廃棄物処理法2条1項）。

　特別管理一般廃棄物および特別管理産業廃棄物とは、廃棄物のうち、「爆発性、毒性、感染性その他の人の健康又は生活環境に係る被害を生ずるおそれがある性状を有するものとして政令で定めるものをいう」（同条3項、5項）。

> **おから事件（最判平成 11.3.10）**
> 【事案の概要】無許可で「おから」の処理を委託された被告人が「おから」を収集・運搬し処理を行ったことが、廃棄物処理法14条1項および4項に違反するとして起訴された。
> 【判旨】右の産業廃棄物について定めた廃物の処理及び清掃に関する法律施行令（平成5政令第385号による改正前のもの）2条4号にいう「不要物」とは、自ら利用し又は他人に有償で譲渡することができないために事業者にとって不要になった物をいい、これに該当するか否かは、その物の性状、排出の状況、通常の取扱い形態、取引価値の有無及び事業者の意思等を総合的に勘案して決するの

表 7-3 特別管理廃棄物分類

区分	主な分類		概　　要
特別管理一般廃棄物	PCB を使用する部品		廃エアコン・廃テレビ・廃電子レンジに含まれる PCB を使用する部品
	ばいじん		ごみ処理施設において発生したもの
	ばいじんまたは燃え殻		ダイオキシン特措法の特定施設である一般廃棄物焼却炉から生じたものでダイオキシン類を含むもの
	感染性一般廃棄物		病院等から排出される、感染性病原体が含まれもしくは付着しているおそれのあるもの
特別管理産業廃棄物	廃油		揮発油類、灯油類、軽油類（難燃性のタールピッチ類等を除く）
	廃酸		著しい腐食性を有する pH 2.0 以下の廃酸
	廃アルカリ		著しい腐食性を有する pH 12.5 以上の廃アルカリ
	感染性産業廃棄物		病院等から排出される、感染性病原体が含まれもしくは付着しているおそれのあるもの
	特定有害産業廃棄物	廃 PCB 等	廃 PCB および PCB を含む廃油
		PCB 汚染物	PCB が塗布されもしくは染み込んだ紙くず、PCB が染み込んだ木くずもしくは繊維くず、または、PCB が付着・封入されたプラスチック類もしくは金属くず等
		PCB 処理物	廃 PCB 等または PCB 汚染物を処分するために処理したもの
		指定下水汚泥	下水道法施行令 13 条の 4 の規定により指定された汚泥
		鉱さい	重金属等を含むもの
		廃石綿等	石綿建材除去事業に係るものまたは特定粉じん発生施設が設置されている事業場から生じたもので飛散するおそれのあるもの
		ばいじんまたは燃え殻	重金属等を含むもの
		廃油	有機塩素化合物等を含むもの
		汚泥、廃酸または廃アルカリ	重金属等、PCB、有機塩素化合物等、農薬等を含むもの
		ばいじんまたは燃え殻	ダイオキシン特措法の特定施設である廃棄物焼却炉から生じたものでダイオキシン類を含むもの
		汚泥	ダイオキシン特措法の特定施設である廃棄物焼却炉において産業廃棄物の焼却により生じたものでダイオキシン類を含むもの

出典）環境省資料（http://www.env.go.jp/recycle/waste/sp_contr/）。

> が相当である。そして、原判決によれば、おからは、豆腐製造業者によって大量に排出されているが、非常に腐敗しやすく、本件当時、食用などとして有償で取り引きされて利用されるわずかな量を除き、大部分は、無償で牧畜業者等に引き渡され、あるいは、有料で廃棄物処理業者にその処理が委託されており、被告人は、豆腐製造業者から収集、運搬して処分していた本件おからについて処理料金を徴していたというのであるから、本件おからが同号にいう「不要物」に当たり、前記法律2条4項にいう「産業廃棄物」に該当するとした原判断は、正当である。

2）廃棄物の分類

廃棄物は、一般廃棄物（家庭系と事業系）と産業廃棄物に分けられる。また、それぞれに特別管理廃棄物（注射針など）に分類される。

安定型最終処分場は、雨水等にさらされても性状がほとんど変化しない安定型産業廃棄物のみを埋め立てる処分場である。安定5品目といわれる「がれき類」、「ガラスくず、コンクリートくず及び陶磁器くず」、「廃プラスチック類」、「金属くず」、「ゴムくず」を処分する。使用済の空き瓶、プラスチック容器、空き缶や自動車等破砕物などは除かれる。浸透水採取設備の設置が必要になる。

管理型最終処分場は、浸出液が処分場外に漏れ出さないように遮水シート等により遮水し、浸出液は水処理して場外に放流する設備が必要になる。

遮断型最終処分場は、処分場内への雨水流入防止を目的として、覆い（屋根等）や雨水排除施設が設けられている。有害な燃え殻、ばいじん、汚泥、鉱さいなどを処理する。

3）廃棄物処理法の原則

（1）排出抑制原則　廃棄物発生者が、自主的に抑制することが求められている。

（2）廃棄物発生者による自己処理の原則　処理業者への適正な委託は処理責任を果たしたとみなされる。

（3）リサイクルの原則

（4）適正処理の原則

（5）自区内処理の原則

4）廃棄物の適正処理

(1) 収集運搬業の許可

一般廃棄物については市町村長の許可が必要で、産業廃棄物については都道府県知事の許可が必要である。

(2) 廃棄物処理業の許可

一般廃棄物、産業廃棄物ともに知事の許可が必要となる。

(3) 不法投棄の禁止

不法投棄に対する罰則として、個人は5年以下の懲役もしくは1000万円以下の罰金（併科可）、法人は3億円以下の罰金に処せられる。

(4) 焼却禁止

廃棄物の焼却、他の法令またはこれに基づく処分により行う廃棄物の焼却、公益上もしくは社会の慣習上やむを得ない廃棄物の焼却または周辺地域の生活環境に与える影響が軽微である廃棄物の焼却として政令で定めるものを除き禁止される。

5）マニフェスト制度

マニフェスト制度は、産業廃棄物を排出した事業者が産業廃棄物の処理を委託する場合に、受託者に対してマニフェスト（産業廃棄物管理票）を交付し、処理が終了した後、受託者が処理終了を記載したマニフェストの写しを送付することにより、委託契約通りに産業廃棄物が環境上、適正に処理されたことを確

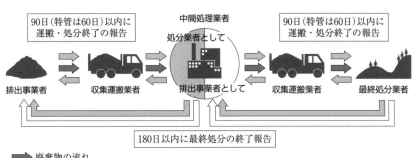

図7-2　マニフェスト制度

出典）日本産業廃棄物処理振興センター（http://www.jwnet.or.jp/waste/knowledge/manifest.html）。

認する制度である。

マニフェスト（産業廃棄物管理票）の交付者は、交付したマニフェストの写しを5年間保存しなければならない。

6）暴力団関係者の排除、名義貸しの禁止

「暴力団員による不当な行為等の防止に関する法律」の規定に該当する暴力団員または暴力団員でなくなった日から5年を経過しない者が許可申請者である場合には、収集・運搬業の許可をしてはならない。

名義貸しとは、無許可業者に対し許可業者が許可証を貸与することにより外見上、許可業者としての体裁を整えさせ、許可業者の名義をもって業を行わせることをいい、禁止されている。

7）欠格要件に基づく取消

不法投棄や暴力団の関与など悪質な場合を除いて、業者に対する許可の取消しは、役員を兼務する他の業者の許可の取消しにつながらない。

8）立入検査

都道府県知事または市町村長は、法律の施行に必要な限度で収集・運搬・処分業の施設に維持管理等に関して立入り、検査することができる。

9）改善命令・措置命令

産業廃棄物処理基準に適合しない保管・収集・運搬・処分が行われたときは、改善命令および措置命令を出すことができる。

青森、岩手県境不法投棄事件

1995（平成7）年青森県の廃棄物処理業者が、県境にまたがる27ヘクタールの土地に堆肥様物、燃えがら、廃プラスチック、汚泥などを不法投棄した。その量は推計で82立方メートルに達し、処理を委託した排出業者は約1万社であった。原因者に対し廃棄物処理法に基づき、原状回復措置を講じるように命じた。この事件をきっかけに、岩手、青森、秋田県をはじめ、法定外目的税として産業廃棄物税条例を制定する地方自治体が増加した。

4．リサイクル制度

リサイクル関連法には、循環型社会形成推進基本法のもと、①資源の有効な利用の促進に関する法律、②容器包装に係る分別収集及び再商品化の促進等に

関する法律、③特定家庭用機器再商品化法、④使用済小型電子機器等の再資源化の促進に関する法律、⑤食品循環資源の再生利用等の促進に関する法律、⑥建設工事に係る資材の再資源化等に関する法律、⑦使用済自動車の再資源化等に関する法律、⑧国等による環境物品等の調達の推進等に関する法律がある。

1）循環型社会形成推進基本法

（1）循環型社会

「循環型社会」とは、廃棄物等の発生抑制、循環資源の循環的な利用および適正な処分が確保されることによって、天然資源の消費を抑制し、環境への負荷ができる限り低減される社会をいう。

（2）循環資源

廃棄物等のうち有用なものを「循環資源」と位置づける。

（3）施策の優先順位

施策の優先順位を発生抑制、再使用、再生利用、熱回収、適正処分とする。熱回収とは廃棄物の焼却によって熱エネルギーを回収することであり、たとえば熱エネルギーを地域の冷暖房に当てることである。

（4）責任

①排出者責任

汚染者負担原則を根拠に事業者・国民の排出者責任を明記する。

②拡大生産者責任（Extended Producer Responsibility〔EPR〕）

2001年、OECDによって拡大生産者責任のガイダンス・マニュアルが策定された。拡大生産者責任とは、生産者が製品の生産から使用され消費、廃棄されるまで、適正処分やリサイクルの責任を負う考え方である。

（5）循環型社会の形成を総合的・計画的に進めるため、政府は「循環型社会形成推進基本計画」を策定する。

2）容器包装に係る分別収集及び再商品化の促進等に関する法律（容器包装リサイクル法）

紙パックやペットボトルなどの使い捨て容器は日常生活の中で広く使われており、一般廃棄物の中に容器包装の占める割合が多くなってきた。このため、一般廃棄物の中に混入していた容器包装廃棄物を再生資源として活用することが重要な課題となっていた。このような中で特定事業者に再商品化義務を課す

容器包装リサイクル法が制定された。

　容器包装の定義は、商品の容器および包装であって、商品が費消され、商品と分離された場合に不要となるものである。

　レジ袋対策として、一定量以上の容器包装を利用する事業者に対し、取り組み状況の報告を義務づけ、取り組みが著しく不十分な場合には勧告、公表、命

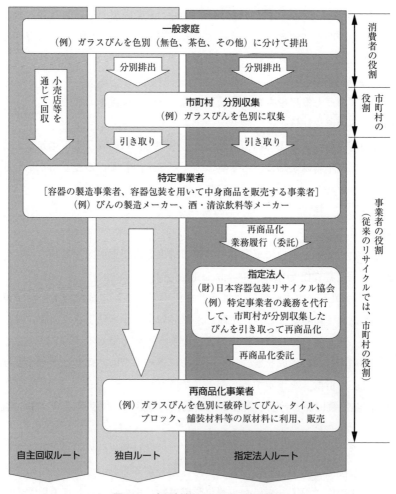

図7-3　容器包装リサイクル法の概要

出典）環境省（http://www.env.go.jp/recycle/yoki/gaiyo.html）。

令を行う措置を規定している。

再商品化の流れは図7-3の通りである。

3）特定家庭用機器再商品化法（家電リサイクル法）

かつて贅沢品とされていたエアコン、テレビ、冷蔵庫および洗濯機といった家電4品目は一般家庭にも普及してきたが、これまでは地方自治体が廃棄物処理法に基づき回収・処理していた。ところが、フロンの回収が必要とされる冷蔵庫やエアコンはその処理が地方自治体だけでは困難になってきた。これまで回収後の廃家電でリサイクルされていたのはくず鉄のみであり、他の資源は埋め立て処分が行われてきた。金属類、プラスチック類、ガラスなどをリサイクルすれば資源の有効利用にもつながる。また、家電製品の不法投棄も問題となっていた。

このような事情を受けて成立したのが家電リサイクル法である。エアコン、テレビ、冷蔵庫および洗濯機の4品目を対象とする。再商品化の流れは図7-4の通りである。

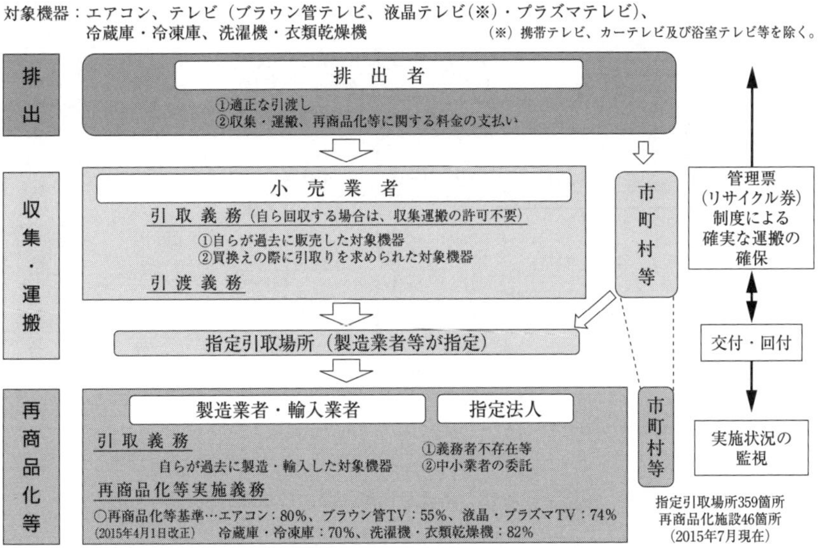

図7-4　家電リサイクル法の仕組み

出典）環境省（http://www.env.go.jp/recycle/kaden/gaiyo.html）。

4）使用済小型電子機器等の再資源化の促進に関する法律（小型家電リサイクル法）

携帯電話など使用済小型電子機器等に含まれるアルミ、貴金属、レアメタルなどが、リサイクルされずに埋め立てられていることへの対策が必要であった。

使用済小型電子機器等の再資源化事業を行おうとする者が、再資源化事業計画を作成し、主務大臣の認定を受けることで、廃棄物処理業の許可を不要とし、使用済小型電子機器等の再資源化を促進する制度である。

5）使用済自動車の再資源化等に関する法律（自動車リサイクル法）

使用済自動車は資源としての価値が高く、解体業者などにおいてリサイクルが行われてきた。一方、シュレッダーダストは産業廃棄物として処理されてきた。近年、廃棄物処分場の不足も相まって、リサイクルシステムの構築が必要になってきた。また、自動車の不法投棄の増加も問題となっていた。

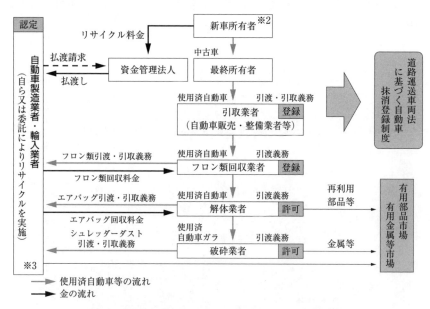

図7-5　使用済自動車の再資源化等に関する法律の概念図[※1]

※1）電子管理票（マニフェスト）制度を導入し、第三者機関により情報管理。
※2）既販車に関しては既販車所有者。
※3）リサイクル義務者が不存在の場合等につき、第三者機関が対応。
出典）環境省資料。

再資源化の流れは図 7-5 の通りである。

6) 国等による環境物品等の調達の推進等に関する法律（グリーン購入法）

循環型社会形成推進基本法の趣旨にのっとって国および地方公共団体は、環境に優しい物品の調達を率先して行うことが望ましい。環境に優しい物品の調達を図り、再生品の供給、需要を活発化することが、循環型社会形成につながってゆく。

国および独立行政法人は、物品等の調達にあたって予算の適正な使用に留意しつつ環境物品等を選択するよう努めなければならない。

地方公共団体は、環境物品等への需要の転換を図るための措置を講ずるように務めるものとする。

事業者および国民は、物品の購入などの際にはできる限り環境物品等を選択するよう努めるものとする。

5. 被害者救済制度

公害健康被害者の民事裁判による救済は費用と年数の点で十分な救済が行われてこなかった。

公害対策基本法21条で公害健康被害救済制度の確立を規定したことに基づき、1969（昭和44）年、「公害に係る健康被害の救済に関する臨時措置法」が成立する。そして四日市ぜんそく訴訟を契機として、1973年、「公害健康被害の補償等に関する法律」が成立した。

本法は、著しい大気汚染または水質汚濁の影響による健康被害を填補するための補償給付を行うこと等が目的であり、健康被害が生じている地域を第一種地域と第二種地域に分類した。

第一種地域（非特異性疾患）41 地域

1986（昭和61）年の答申（補償を行う合理的理由がない）を受け、1988（昭和63）年第１種地域の解除（新たな患者の認定はしない）および健康被害予防事業の実施（500億円の資金づくり）を行った。

その理由は、費用が汚染負荷量賦課金から出されていたが、賦課金が指定区域、内外を問わず徴収されたこともあって費用負担者と汚染者が一致しないこと（汚染者負担原則に反する）、および指定物質の SO_x が主たる原因ではなくなっ

てきたことであった。

　第二種地域（特異性疾患）

　水俣病、イタイイタイ病、慢性砒素中毒症を指定し、原因企業による補償（補償協定の締結）が行われた。

水　俣　病

(1)　経　　　緯

　水俣病の主な経緯は表7-4の通りである。

(2)　水俣病救済特別措置法

　対象となるのは、

　①通常起こり得る程度を超えるメチル水銀のばく露を受けた（メチル水銀を体内に取り入れること）可能性がある者のうち、（ア）四肢末梢優位の感覚障害（手足の先の方の感覚が鈍いこと）を有する者に加え、（ア）に当たらない者であっても、（イ）全身性の感覚障害を有する者その他の四肢末梢優位の感覚障害を有する者に準ずる者を対象とする。

　②通常起こり得る程度を超えるメチル水銀のばく露を受けた可能性がある者

表7-4　水俣病の経緯

1956年	公式発見
1958年	水質二法
1959年12月	見舞金契約
1969年	政府公式見解
1969年	公害健康被害救済法
1973年3月	第一次訴訟判決　原告勝訴 見舞金契約は公序良俗に反し無効
1973年10月	公害健康被害補償法
1977年7月	環境庁昭和52年判断基準
1995年	政府解決策閣議決定
1996年	和解協定書
2004年10月15日	水俣関西訴訟最高裁判決
2009年7月8日	水俣病救済特措法

※1957（昭和32）年に食品衛生法4条の適用（漁獲禁止）ができないか熊本県が厚生省に問い合わせを行ったが、昭和32.9.11回答では、魚介類のすべてが有毒化している根拠がないとして、食品衛生法が適用されなかった。

とは、熊本県及び鹿児島県においては、1968（昭和43）年12月31日以前、新潟県においては、1965年12月31日以前に、

　（ア）「対象地域」に相当の期間（1年）居住していたため、熊本県および鹿児島県においては水俣湾またはその周辺水域の魚介類を多食したと認められる者、あるいは、新潟県においては阿賀野川の魚介類を多食したと認められる者に加え、上記と同様の年月日以前に、

　（イ）「対象地域」に相当の期間居住していなかった者であっても、熊本県および鹿児島県においては水俣湾またはその周辺水域の魚介類を、新潟県においては阿賀野川の魚介類を多食したとそれぞれ認めるのに相当な理由がある者（母体を経由してメチル水銀のばく露を受けた可能性がある場合を含む〔環境省資料〕）。

　水俣病関西訴訟（最判平成16.10.15）において、国は1959（昭和34）年12月末には、チッソの工場排水について旧水質二法による規制制限を行使すべきであった。また熊本県も国と同様の認識を持ち、漁業調整規則で規制制限を行使する義務があったとして国および熊本県の責任を認めた。

　水俣病認定請求訴訟（最判平成25.4.16）において、水俣病認定申請の棄却処分取消訴訟における裁判所の審理および判断は、経験則に照らして個々の事案における諸般の事情と関係証拠を総合的に検討し、個々の具体的な症候と原因物質との間の個別的な因果関係の有無等を審理の対象として、申請者につき水俣病のり患の有無を個別具体的に判断すべきものであるとした。

6. 環 境 訴 訟
1）不法行為による民事訴訟

　民法709条は、①故意過失、②権利侵害（違法性）、③因果関係、を不法行為の成立要件として規定している。

> **民法709条**
> 　故意又は過失によって他人の権利又は法律上保護される利益を侵害した者は、これによって生じた損害を賠償する責任を負う。

(1) 過　　失

環境訴訟で問題となるのは過失である。過失の存在に関しては予見可能性説と結果回避義務違反説がある。

予見可能性説は、結果の発生を予見できたらそれだけで過失があるとし、結果回避義務違反説は、予見できた結果についてそれを回避する義務違反がある場合に過失があるとする。

大阪アルカリ事件（大判大 5.12.22）は結果回避義務違反説に立ち、事業の性質に照らして相当程度の設備を持っていれば 709 条の故意・過失はないと判断した。

最近、過失責任主義をとらず、危険性を内包する事業は危険性に応じた結果回避義務を負っているとする危険責任（無過失責任）の考え方が、個別の法律に盛り込まれている（たとえば原子力損害賠償法）。

(2) 権利侵害（違法性）

権利侵害について判例は、被害の程度、加害行為の公共性、防除施設の設置、先住関係を考慮して加害行為の違法性を判断する受忍限度論をとる。先住関係に見られる危険の引き受けについては前述の大阪国際空港騒音訴訟判決（第3章、47頁）では、原告の入居後に実際に受けた被害の程度が、入居の際その存在を認識した騒音から推測される被害の程度を超えるものであったなど、特段の事情が認められない場合は受忍すべきであるとする。また、国家賠償法による損害賠償は認めたが、環境権については言及しなかった。

(3) 因 果 関 係

因果関係とは原因と結果の関係である。因果関係証明責任は原告にあるが、因果関係の立証は原告にとっては困難である。そこで因果関係の立証をしやすくしようとした考え方が出てくる。

蓋然性説は、原告は高度の蓋然性を証明すればよく、被告が因果関係のないことを証明しなければ認定されるとする。

間接反証説は、被害者が因果関係の存在を示す間接事実を証明し、それらの事実から経験則上、因果関係の存在を推定できる場合に、加害者が因果関係の不存在を証明しない限り因果関係を肯定すべきだとする。たとえば、被害者側が被害疾患の特性と原因物質の因果関係、および原因物質が被害者に到達する

経路について説明できれば、加害企業側は原因物質の排出が原因でないことを証明しない限り、事実上その存在が推認される。

疫学的因果関係説では、被害者の立証の負担を軽減するために疫学的因果関係が用いられる。特異性疾患（原因物質がなければ疾患にかからないという特異な関係）と非特異性疾患（例：慢性気管支炎など）であっても、集団の罹患率とそうでない集団の罹患率との比較値が、4～5倍である場合は個別的因果関係が推定される。この考え方によって原告の立証責任の緩和につながった。

2）共同不法行為

共同不法行為とは、数人が共同の不法行為によって他人に損害を加えた場合に、各自が連帯して損害賠償の責任を負う制度である。

> **民法 719 条**
> 　数人が共同の不法行為によって他人に損害を加えたときは、各自が連帯してその損害を賠償する責任を負う。共同行為者のうちいずれの者がその損害を加えたかを知ることができないときも、同様とする。
> 2　行為者を教唆した者及び幇助した者は、共同行為者とみなして、前項の規定を適用する。

従来の判例・通説は、民法 719 条 1 項前段の不法行為が成立するには、共同行為者の行為が独立して不法行為の要件を満たさなければならず、個別的因果関係が必要だとした（山王川事件、最判昭和 43.4.23）。

関連共同性については、客観的に見て共同関係があればよいとされてきたが、それでは民法 709 条と変わりはなく、民法 719 条の意義がなくなるという疑問が出されてきた。それに対し、各人の行為に関連共同性があり、共同行為と損害の発生との間に因果関係があれば共同不法行為が成立するという説が登場する。

四日市ぜんそく訴訟判決は、関連共同性を、緊密な一体性のある「強い関連共同性」および工場群があるという社会通念上の一体性がある「弱い関連共同性」に分ける。弱い関連共同性があり、共同行為によって結果が発生したことを立証すれば個別的因果関係が推定され、強い関連共同性を立証した場合、個別的因果関係は問題とされず、共同行為と損害の発生との間に因果関係があれ

ば、各人が損害賠償責任を負うとする。

四日市ぜんそく訴訟（津地裁四日市支部判昭和47.7.24）

【事案の概要】高度経済成長期に、四日市コンビナートを構成する石油精製、火力発電所、石油化学工業の6企業を被告として、磯津地区の住民12名が、被告から排出される硫黄酸化物による大気汚染により喘息を発症したとして、損害賠償を請求した事件である。本件は関連共同性に関してリーディングケースとなり、被告企業6社に対し8800万円の損害賠償を命じた。

【判旨】719条1項前段の狭義の共同不法行為の場合には各人の行為と結果発生との間に因果関係があることが必要である。ところで、右関係については、各人の行為が、それだけでは結果を発生させない場合においても他の行為と合して結果を発生させ、かつ、当該行為がなかったならば結果が生じなかったであろうと認められればたりる、当該行為のみで結果が発生しうることを要しないと解すべきである。

そして、共同不法行為の被害者において、加害者間に関連共同性があることおよび共同行為によって結果が発生したことを立証すれば、加害者各人の行為と結果発生との間の因果関係が法律上推定され、加害者において各人の行為と結果との間に因果関係が存在しないことを立証しない限り責を免れないと解する。

共同不法行為における各行為者の行為の間の関連共同性については、客観的関連共同をもってたりると解されている。そして右客観的関連共同の内容は、結果の発生に対して、社会通念上全体として一個の行為と認められる程度の一体性あるを要し、かつ、それでたりると解すべきである。

右に述べたような関連共同性をこえて、より緊密な一体性がみられるときは、たとえ、当該工場のばい煙が少量で、それ自体としては結果との間に因果関係が存在しないと認められるような場合においても結果に対して責任を免れないことがあると解される。

すなわち被告三社は、一貫した生産技術体系の各部門を分担し、……一社の操業の変更は他社との関連を考えないでは行ない得ないほど機能的、技術的、経済的に緊密な結合関係を有する。このように右被告三社工場は密接不可分に他の生産活動を利用し合いながらそれぞれの操業を行ない、これに伴ってばい煙を排出しているのであって、右被告三社間には強い関連共同性が認められるのみならず、同社らの間には前記のような設立の経過や資本的な関連も認められるのであって、これらの点からすると、右被告三社は自社のばい煙の排出が少量でそれのみでは結果の発生との間に因果関係が認められない場合にも、他社のばい煙の排出との関係で結果に対する責任を免れないものと解するのが相当である。

西淀川大気汚染訴訟判決（大阪地判平成3.3.29）以降は、責任について各社工場の寄与度に応じた分割責任を認め、長期間にわたって工場が散在した場合にも関連共同性を認める。どの工場が損害を引き起こしたか不明の場合や寄与度が不明の場合も民法719条1項後段を適用する。1項前段についても公害発生・拡大の認識のあったことを理由に緊密な一体性を認める。

(3) 効　　果

賠償請求については民法722条1項に規定がある。

請求の方式は、財産的損害＋精神的損害の個別的算定方式だが、集団的訴訟では損害の立証が困難であるため包括請求方式がとられている。

3) 差止請求

民事訴訟における差止訴訟は、人格権に基づく差止請求である。一般的に差止訴訟の場合は、金銭賠償訴訟より高い違法性が要求される（違法性段階論）。空港、鉄道、道路のように公共性があっても、健康被害の生ずる蓋然性が高い場合は差止が認められる。

環境権を根拠に訴訟が提起されることがあるが、個別的利益ではない環境利益を私権ととらえるところに無理がある。

前述の大阪国際空港公害訴訟上告審判決（最大判昭和56.12.16）では運輸大臣の航空行政権と空港の管理権および営造物管理権の民事訴訟請求では航空行政権の行使の取消し変更を求める請求になり、民事訴訟としては不適当だとした。

4) 行政訴訟

(1) 取消訴訟

取消訴訟とは、行政事件訴訟法3条2項の規定にあるように、行政庁の処分その他公権力の行使に当たる行為の取消しを求める訴訟である。

①処分性

行政庁の処分とは「公権力の主体たる国又は公共団体がその行為によつて、国民の権利義務を形成し、或はその範囲を確定することが法律上認められている」（最判昭和30.2.24）ものである。

> **行政事件訴訟法3条2項**
> この法律において「処分の取消しの訴え」とは、行政庁の処分その他公権力の行使に当たる行為(次項に規定する裁決、決定その他の行為を除く。以下単に「処分」という。)の取消しを求める訴訟をいう。

処分性を認めた判例として以下の土地区画整理事業訴訟がある。

> **土地区画整理事業訴訟(最大判平成20.9.10)**
> 【事案の概要】土地区画整理法に基づき土地区画整理事業の認可を知事から受けた浜松市は事業計画の決定をした。それに対し事業計画の地区内に土地を使用する原告が事業は法定の事業目的を欠いているとして事業計画決定の取消を求めて提訴した。
> 　土地区画整理事業計画や用途地域の、都市計画決定では計画段階ではなく具体的な権利の制限が発生した段階で訴訟を行えるとするのが従来の判例であったが、判例変更があった。
> 【判旨】市町村の施行に係る土地区画整理事業の事業計画の決定は、施行地区内の宅地所有者等の法的地位に変動をもたらすものであって、抗告訴訟の対象とするに足りる法的効果を有するものということができ、実効的な権利救済を図るという観点から見ても、これを対象とした抗告訴訟の提起を認めるのが合理的である。したがって、上記事業計画の決定は、行政事件訴訟法3条2項にいう「行政庁の処分その他公権力の行使に当たる行為」に当たると解するのが相当である。

②原告適格

原告適格とは訴訟を提起することができる資格である。行政事件訴訟法9条に規定する「法律上の利益を有する者」であり、判例では「法律上の利益を有する者とは処分により自己の権利若しくは法律上保護された利益を侵害され、又は必然的に侵害されるおそれのある者」を指す。

> **行政事件訴訟法9条**
> 処分の取消しの訴え及び裁決の取消しの訴え(以下「取消訴訟」という。)は、当該処分又は裁決の取消しを求めるにつき法律上の利益を有する者(処分又は裁決の効果が期間の経過その他の理由によりなくなつた後においてもなお処分又は

裁決の取消しによつて回復すべき法律上の利益を有する者を含む。）に限り、提起することができる。
2　裁判所は、処分又は裁決の相手方以外の者について前項に規定する法律上の利益の有無を判断するに当たつては、当該処分又は裁決の根拠となる法令の規定の文言のみによることなく、当該法令の趣旨及び目的並びに当該処分において考慮されるべき利益の内容及び性質を考慮するものとする。この場合において、当該法令の趣旨及び目的を考慮するに当たつては、当該法令と目的を共通にする関係法令があるときはその趣旨及び目的をも参酌するものとし、当該利益の内容及び性質を考慮するに当たつては、当該処分又は裁決がその根拠となる法令に違反してされた場合に害されることとなる利益の内容及び性質並びにこれが害される態様及び程度をも勘案するものとする。

　新潟空港訴訟（最判平成元.2.17）では空港付近の住民の原告適格を認めた。これまでの判決は、法律上の利益を認めるには明文上の規定が必要としていたが、伊達火力発電所訴訟（最判昭和60.12.17）では原告適格を判断する際に法体系を検討すべきだとした。もんじゅ原発訴訟判決（最判平成4.9.22）においては、処分の根拠法規の趣旨を検討すべきとして原告適格を肯定した。しかし伊場遺跡訴訟（最判平成元.6.20）では研究者に対し、原告適格を否定している。このような一連の判決の後、行政事件訴訟法の改正が行われ、9条2項が加わり、原告適格が拡大された後、出された判決が小田急高架訴訟判決である。

小田急高架訴訟（最大判平成17.12.7）
【事案の概要】建設大臣は東京都に対し小田急線の喜多見駅付近〜梅ヶ丘駅付近の立体交差事業認可を行った。本件鉄道事業認可の取消を求めて沿線住民が提訴した。本件では沿線住民の原告適格が争点となった。地権者以外にも原告適格を認めた。
【判旨】都市計画事業の事業地の周辺に居住する住民のうち当該事業が実施されることにより騒音、振動等による健康又は生活環境に係る著しい被害を直接的に受けるおそれのある者は、当該事業の認可の取消しを求めるにつき法律上の利益を有する者として、その取消訴訟における原告適格を有するものといわなければならない。
　これらの住所地と本件鉄道事業の事業地との距離関係などに加えて、本件条例

２条５号の規定する関係地域が、対象事業を実施しようとする地域及びその周辺地域で当該対象事業の実施が環境に著しい影響を及ぼすおそれがある地域として被上告参加人が定めるものであることを考慮すれば、上記の上告人らについては、本件鉄道事業が実施されることにより騒音、振動等による健康又は生活環境に係る著しい被害を直接的に受けるおそれのある者に当たると認められるから、本件鉄道事業認可の取消しを求める原告適格を有するものと解するのが相当である。

小田急高架訴訟では原告適格が拡大されたが、サテライト大阪事件では原告適格を狭く解している。

> **サテライト大阪訴訟（最判平成21.10.15）**
> 【事案の概要】場外車券発売施設（サテライト大阪）から１kmに居住する周辺住民および医療施設の医師が生活環境の悪化を懸念し提訴した。医療施設開設者には原告適格が認められたが、周辺住民および医療施設利用者には原告適格を否定した。
> 【判旨】場外施設の周辺において居住し又は事業（医療施設等に係る事業を除く。）を営むにすぎない者や、医療施設等の利用者は、位置基準を根拠として場外施設の設置許可の取消しを求める原告適格を有しないものと解される。
> 　当該場外施設の設置、運営に伴い著しい業務上の支障が生ずるおそれがあると位置的に認められる区域に医療施設等を開設する者は、位置基準を根拠として当該場外施設の設置許可の取消しを求める原告適格を有するものと解される。そして、このような見地から、当該医療施設等の開設者が上記の原告適格を有するか否かを判断するに当たっては、当該場外施設が設置、運営された場合にその規模、周辺の交通等の地理的状況等から合理的に予測される来場者の流れや滞留の状況等を考慮して、当該医療施設等が上記のような区域に所在しているか否かを、当該場外施設と当該医療施設等との距離や位置関係を中心として社会通念に照らし合理的に判断すべきものと解するのが相当である。

原告適格をめぐって自然の権利訴訟が提起されている。これまでの人間中心主義ではなく自然を中心とする考え方である。人間以外の自然物を原告とする訴訟である。動物に原告適格があるかが問われたアマミノクロウサギ訴訟（鹿児島地判平成13.1.22）では動物の原告適格は否定された。

③訴えの利益

訴訟提起後の事情の変更によって処分を取り消しても原状回復できない場合

は訴えの利益が消滅する。土地改良事業認可取消訴訟（最判平成 4.1.24）で、法律上の利益を消滅させるものではなく事情判決（前述）を採用した。

(2) 住民訴訟

取消訴訟で勝訴する可能性が少ない場合に住民訴訟を活用することが考えられた。地方自治法 242 条の 2 に基づいて、地方公共団体の活動のうち、環境に悪影響を及ぼし活動で財務会計上の違法行為に該当する場合に、住民訴訟を提起できる。

田子の浦ヘドロ訴訟（最判昭和 57.7.13）では、住民が地方公共団体に代位して汚水排出者に損害賠償請求ができるとした。織田が浜訴訟（最判平成 5.9.7）では公有水面埋立工事が違法だとし、公金支出の差止請求の訴えは適法とした。

(3) 差止訴訟

差止訴訟は行政事件訴訟法 3 条 7 項に規定がある。従来、取消訴訟では執行不停止の原則（行政事件訴訟法 25 条 1 項）があり、執行停止要件（25 条 2 項）「処分、処分の執行又は手続の続行により生ずる重大な損害を避けるため緊急の必要があるとき」が厳格であったため執行停止は難しかった。

二風谷ダム訴訟（札幌地判平成 9.3.27）判決では、アイヌ民族の保護をなおざりにして収用を行ったことは土地収用法 20 条 3 号の裁量権を逸脱しているとし、収用は違法と判示したが、行政事件訴訟法 31 条（事情判決）に基づいて請求を棄却した。

> **行政事件訴訟法 3 条 7 項**
> この法律において「差止めの訴え」とは、行政庁が一定の処分又は裁決をすべきでないにかかわらずこれがされようとしている場合において、行政庁がその処分又は裁決をしてはならない旨を命ずることを求める訴訟をいう。

(4) 仮の差止め

行訴法 37 条の 5 第 2 項に規定され、行政庁の処分がなされていない場合に裁判所が一定の処分を行政庁に命ずることができる。ただし「償うことのできない損害を避けるため緊急の必要」という要件が規定されている。

(5) 義務付け訴訟

義務付け訴訟は行政事件訴訟法 3 条 6 項に規定され、行政庁に一定の処分を

行うよう命じることを求める訴訟である。

　たとえば行政庁が違法操業を続けている企業を放置している場合に 37 条の 2 の「一定の処分がされないことにより重大な損害を生ずるおそれがあり、かつ、その損害を避けるため他に適当な方法がないときに限り」という要件のもとに訴えを提起することができる。

> **行政事件訴訟法 3 条 6 項**
> 　この法律において「義務付けの訴え」とは、次に掲げる場合において、行政庁がその処分又は裁決をすべき旨を命ずることを求める訴訟をいう。
> 　一　行政庁が一定の処分をすべきであるにかかわらずこれがされないとき（次号に掲げる場合を除く。）。
> 　二　行政庁に対し一定の処分又は裁決を求める旨の法令に基づく申請又は審査請求がされた場合において、当該行政庁がその処分又は裁決をすべきであるにかかわらずこれがされないとき。

第 2 節　環境保全と国際社会

1. 国際環境法の特色および発展の歴史
1）環境損害に対する責任および義務

　1941 年には、領域使用の管理責任を認めたトレイル熔鉱所事件仲裁判決が出されている。領域使用の管理責任とは、自国の管理下の活動が他国の環境または自国の管轄外の環境に損害を与えないように確保する責任を各国は負うというものである。しかし、1950～60 年代にいたって、公海、宇宙空間などの領域外での高度に危険な活動が行われるに従い、従来の領域使用に基づく国家責任の考え方に限界が見られるようになった。たとえば公海上におけるタンカー事故による重油汚染や人工衛星の地上への落下が問題となった。これらの損害に対しては、厳格責任を定めた民事責任条約による対応が中心となった。トレイル熔鉱所事件が発端となったアメリカ・カナダ間の酸性雨問題は、両国が大気清浄法のなかで平等なアクセス原則を定めるにいたって、問題解決につながっている。OECD の解釈では、平等なアクセス権とは情報へのアクセス権および訴訟上の原告適格をさす。

河川の利用に関して、河川の上流国がダム建設を行う場合、他国への損害が予見されるときには計画段階で配慮義務を負うとしたラヌー湖事件判決（仲裁裁判所判決 1957.11.16）では、上流国のフランスに事前の協議・通報義務を課した。

1972年には、ストックホルムで国連人間環境会議が開催され、UNEP（国連環境計画）が設立された。国家の領域管理責任が人間環境宣言原則21に規定された。当時は環境か開発かの二者択一の考え方であった。

2）地球規模の環境問題の顕著化

地球環境問題は産業革命に端を発するといわれるが、1980年代頃から地球環境問題が顕著になり始めた。1987年、環境と開発に関する世界委員会（ブルントラント委員会）の報告書の中で、環境と開発は両立するという持続可能な開発（sustainable development）の考え方が提案された。

> **持続可能な開発（Sustainable Development）**
> 持続可能な開発とは将来の世代のニーズを満たす能力を損なうことがないような形で現在の世界のニーズを満足させるような開発をいう。

地球規模の環境問題については、従来のような損害賠償による事後救済という方式をとることは困難である。なぜならすべての国が加害者であり、被害者でもあるからである。それゆえ事前救済の方式が考えられ、条約の中には事前防止義務を定めたものや利害関係国への事前通報義務、協議義務を定めたものが見られる。ところが現実は、開発途上国では貧困、人口増加問題を抱える中で開発が優先され、工業化・都市化に伴う公害問題が発生した。先進国では有限なエネルギーの利用を考慮する必要に迫られた。

1990年代に、現在の環境悪化を招いたのは誰かという責任論が浮上する。途上国は先進国責任論を主張する。すなわち、大気中の温室効果ガス濃度の増加による地球温暖化は、産業革命以来の先進国からの温室効果ガスの排出が原因だとする。一方、先進国は共通責任論を主張する。すなわち、地球環境が悪化すれば先進国、開発途上国はともに被害を受けるのだから対策には共通の責任があるとする。さらに、資源開発に関して国家内の資源は自由に利用でき、開発を行う権利があるという議論が登場し、このことによって環境破壊が助長

される結果となった。たとえば、アマゾン地域は地球全体の気候安定という環境保全に重要な役割を果たしているが、アマゾン地域におけるバイオ燃料の原料となるトウモロコシなどの生産のために森林伐採が行われ、そこにプランテーションが作られるという状況が多く見られる。その中で先進国による援助も含めて持続可能な開発を推進する必要がある。また、生物多様性に関しても生物資源に対する主権を主張し、遺伝資源から生じる利益の衡平かつ公正な分配を開発途上国は求めている。

このように地球環境保護と開発の権利が対立する中、1992年6月に環境と開発に関する国連会議（UNCED）が開催された。UNCEDにおいては以下の宣言および条約が採択された。

(1) リオ宣言

リオ宣言に盛り込まれた主要な原則は、領域使用の管理責任（原則2）、開発の権利（原則3）、共通だが差異のある責任（原則7）、予防的アプローチ（取組方法）（原則15）、汚染者負担原則（原則16）、事前通報と協議（原則19）などである。

予防的アプローチ

重大かつ不可逆的な損害が生じるおそれがある場合に、科学的不確実性を理由に費用対効果の大きい対策をとることを延期してはならないとする考え方である。予防的アプローチが慣習国際法かどうかについては議論がある。公定訳では予防的取組方法とされる。

ソフト・ロー（soft law）

ハード・ローに対する概念である。ソフト・ローは法創成段階にあるものであり、法ではないが、国連海洋法条約や宇宙条約など、ソフト・ローがその後、条約として結晶化した例がある。

---

(2) アジェンダ21（行動計画）

原則実施のための資金をどうするか、環境保全技術移転、成果実施のための国際機構をどうするかが最大の焦点となった。持続可能な開発のための資金協力については、どのようなメカニズムで開発途上国への支援を行うかの議論があり、途上国は独立の基金の新設を要求したが、国連組織の肥大化の反省から、

先進国は既存の2ヶ国間援助の活用を主張した。その結果、世界銀行、UNEP、UNDPが運営し、地球環境保全のために贈与または超低利融資で資金を供与するGEF（Global Environmental Facility）を利用することになった。

(3) 気候変動枠組み条約

温室効果ガスの濃度安定のための対策の枠組みを設定した。地球温暖化に関して、海面上昇によって国土が水没する国は積極的な対策の推進を主張したが、産油国は温暖化対策により原油の消費量が少なくなれば経済上の打撃を受けるとし、積極的な対策の推進には反対した。また、気候変動枠組み条約のCO_2の排出目標を具体的に設定するかについて議論があった。

(4) 生物多様性条約

生態系、生物種、遺伝子資源の多様性保全が目的である。

(5) 森林原則声明

当初森林保護条約を採択する予定であったが、環境保全と開発の権利の対立から、結果として森林の重要性の認識、森林保全と持続可能な管理の必要性を規定する原則声明を採択する形となった。

2. 気候変動

地球温暖化の原因は、CO_2、メタン、CFCなどの温室効果ガスの濃度増加である。その影響は世界の平均気温が2100年に1.8～4℃上昇すると予測される（2007年IPCC第4次評価報告書）。1992年、環境と開発に関する国連会議において、気候変動に関する枠組み条約が採択された。自然界の温室効果ガスは吸収と発生の関係に関する科学的知見が不確実で、規制目標の国際的設定には反対があった。条約ではPledge & Review（誓約・審査）方式が採用された。すなわち、各国が条約の目標を達成するための計画を公表し、計画の達成状況を審査、検討するという方式である。

枠組み条約

条約は多数の国の普遍的参加が必要であるが、発展段階の異なる国の利害の調整のためには、条約は柔軟な構造でなければならない。そこで環境保全の一般原則や協力義務など基本的な枠組みを定め、保護基準など詳細は議定書等で定める形式の条約を枠組み条約という。

1）気候変動枠組み条約の概要

(1) 目　　的

温室効果ガスの濃度安定である（2条）。

(2) 原　　則

共通だが差異のある責任に基づく気候の保護、途上国締約国への特別の状況についての配慮、予防的アプローチ、持続的開発を推進する権利・責務、開放的経済システムの推進・協力が規定されている（3条）。

(3) 先進国および途上国の共通責務

温室効果ガスの排出と吸収の目録作り、温暖化対策の国別計画の策定と実施が規定された。

(4) 先進国の追加責務

抑制に関する国家政策の採択、1990年代末までに温室効果ガスの排出量を1990年レベルまで戻すことをめざして政策・措置をとること、および排出と吸収の予測について各国から締約国会議へ通報すること、途上国の条約義務の実施措置についての技術の移転が規定されている。

気候変動枠組み条約の第1回締約国会議（COP1）においてベルリンマンデートが採択された。その内容は、1997年第3回締約国会議において先進国の温室効果ガス排出に関する数量的な排出抑制・削減目的、先進国がとる具体的な政策措置、および2000年以降の温室効果ガス排出削減目標を定める議定書を採択するというものであった。その後、第3回締約国会議において京都議定書が採択され、2005年に発効した。

2）京都議定書の概要

(1) 数値目標（3条）は、たとえば日本6％、アメリカ7％、EU 8％、ロシア0％となり、途上国には目標値は課されない。

(2) 対象ガスは二酸化炭素、メタン、フロン類など6種類である。1990年が基準年とされ、2008～2012年が第1約束期間となった。

(3) 京都メカニズム（排出量取引、クリーン開発メカニズム、共同実施）が本条約の目玉であり、特にアメリカの提案である排出量取引をめぐって先進国と途上国間で対立し、結果として先進国間だけに適用することが決まった。京都メカ

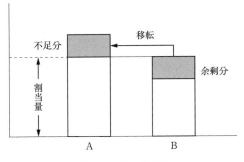

図7-6　排出量取引

※割当量とは約束期間に排出可能な温室効果ガスの総排出量を指す。

図7-7　共同実施およびクリーン開発メカニズム

ニズムは、国内対策だけでは目標達成が困難な場合に、補完的に利用される。

　排出量取引は、削減目標を有する国の間で排出割当量の取引を行う制度である（図7-6）。また、共同実施は、先進国が共同で温暖化対策事業を行い、その事業によって削減された排出量削減量を事業投資国と事業受け入れ国とで分配する制度である（3条3項、4条2項(a)）。

　クリーン開発メカニズムは、先進国が開発途上国において温暖化対策事業を行い、その事業によって削減された排出量削減量を事業投資国と事業受け入れ国とで分配する制度である（図7-7）。

(4) 遵守制度

　遵守制度については、遵守制度を設けることは規定されたが、具体的な内容は規定されなかった。

　第6回締約国会議では吸収源をめぐって交渉が決裂したが、2000年11月、ボンで開催された第6回締約国会議再開会合で合意がなされた。そんな中、2001年3月、アメリカが京都議定書交渉から離脱した。その理由は途上国が削減目標に参加していないことおよび経済成長への影響であった。

3）マラケシュ合意

2001年、第7回締約国会議がマラケシュで開催され、以下の運用ルールについての合意がなされた。

(1) 京都メカニズム

京都メカニズムの利用方法に関する情報は国別報告書で提出し、遵守委員会で審査にかけることとなった。また、原子力発電所事業は共同実施やCDMで利用することは「差し控える」とされ、実際上利用できない。

排出量取引については、排出削減量の売りすぎを防止する趣旨から、約束期間リザーブが設けられ、約束期間に国内登録簿に定められた一定量を保有しなければならない。

(2) 途上国に対する基金の創設

気候変動により影響を受ける途上国の対策に、特別気候変動基金、後発開発途上国基金、適応基金が新設された。適応基金は開発途上国において地球温暖化の影響に適応するための計画に資金が供与される。ただし、提供は義務でないことが確認されている。

(3) 吸収源については、吸収を削減目標に加える場合の上限が国別に設けられ、日本は1300万炭素トンが上限となっている。

(4) 遵守制度

締約国が京都議定書の削減目標を遵守したかどうかを検討し、その理由や状況に応じて適切な措置を課す遵守委員会促進部および履行部が設けられた。数値目標の不遵守に対しては、超過排出量の1.3倍の排出枠を次期排出枠から差し引くこと、次期約束期間の数値目標達成のための遵守行動計画を策定すること、排出量取引に基づく排出枠の移転を停止することが合意された。

4）パリ協定

2015年、COP21で採択されたパリ協定の内容は以下のものである。

①世界共通の長期目標として産業革命前からの気温上昇を2℃未満に設定し、1.5℃未満に抑える努力をする。
②主要排出国を含むすべての国が削減目標を5年ごとに提出・更新すること。
③二国間クレジット制度（JCM）も含めた市場メカニズムの活用を位置付けている。

④適応の長期目標の設定、各国の適応計画プロセスや行動の実施、適応報告書の提出と定期的更新を行う。
⑤先進国が資金の提供を継続するだけでなく、途上国も自主的に資金を提供する。
⑥すべての国が共通かつ柔軟な方法で実施状況を報告し、レビューを受ける。
⑦5年ごとに世界全体の実施状況を確認する仕組みを構築する。

3. オゾン層保護

　地上では無害なフロン、ハロンが成層圏上部において、紫外線を吸収し、塩素原子を放出し、その塩素原子がオゾンを連鎖的に酸素分子に分解することが、オゾン層破壊の原因となっている。フロン類は生産コストが安く、無毒、不燃、安定であるため、半導体の洗浄などに多く使われてきたが、フロン類がオゾン層破壊の原因となっていることがわかり、その対策が急がれた。オゾン層破壊に伴い有害な紫外線による人体への影響（皮膚がんや白内障など）が懸念され、1980年代には南極にオゾンホールが出現し、その対策のために1985年にオゾン層の保護に関するウィーン条約、1987年にオゾン層を破壊する物質に関するモントリオール議定書が採択された。

1) オゾン層の保護に関するウィーン条約

　条約の特色は、地球環境の保護（1条2）、予防的アプローチ（前文）を明記したことである。

　(1) 義　　務

　健康および環境保護義務（2条1）に規定される「適切な措置」の具体的内容は明記されなかった。協力義務（2条2、3、4条）、情報送付義務（5条）が規定された。また、締約国会議は実施状況を審査し、必要な措置を勧告する（5条、6条4）。

　(2) 履 行 措 置

　締約国会議は実施に関し必要な計画と政策を作成（6条4）し、締約国は議定書の規制措置実施への協力義務を負う（2条2(c)）。途上国の不満は、技術移転が各国の裁量事項であることである。

2) モントリオール議定書

EC 諸国は科学的証拠が不十分だとして生産削減は時期尚早だとし、カナダ、北欧3国、ニュージーランド、スイス、アメリカは不可逆的な損害が生じるとして規制措置が必要とし、オーストラリア、オーストリア、途上国は規制措置を支持した。

(1) 議定書の内容

フロン、ハロンの生産量および消費量の凍結または、削減を規定する (2条)。途上国は寄与度が少ないという理由から共通だが、差異のある責任に基づき例外規定を設けた (5条)。すなわち規制物質の消費量が1人 0.3 kg 未満を満たす国は、国内需要のために生産、消費の規制を10年遅らせることができる。

資金供与と技術移転に関し、多数国間基金の創設 (1990年ロンドン改正) を行った。資金供与は国連分担方式をとり、先進国が拠出する。基金は執行委員会 (先進国と途上国の代表で構成) によって運営され、市場経済移行国 (5条の適用外) には GEF が適用される。

技術移転については「公平かつ最も有利な条件で」行われ (10条A)、この規定が実効的に作用しない場合、途上国は締約国会議に付託し、そこで適切な措置がとられる (5条6)。

議定書4条の貿易規制の規定は GATT 違反ではないかとの問題があったが、議定書の貿易禁止措置は恣意的または不当ではなくかつ、非締約国を差別することなく議定書の規制措置に従わない非締約国のみに適用されるからであるという理由で、違反ではないとされた。

履行確保については、遵守監視制度、国家報告制度が採用され、締約国会合は議定書実施の審査権限を持つ (7条、11条4、12条(c))。

(2) 不遵守手続

モントリオール議定書は、不遵守手続 (議定書8条に基づく) が定められていることが特徴である。前述のマラケシュ合意の模範となったものである。

不遵守手続は、締約国による実施委員会への申立て (手続1)、不遵守国による自己申立て (手続4)、事務局による情報要求 (手続3) の方法により提起され、実施委員会が申立てを検討し (手続7、8)、締約国会合に報告する。締約国会議は「完全な遵守をもたらすための措置」を決定する (手続9)。とりうる措置は、

適切な援助、警告、および議定書に基づく特権の停止である。

その後の締約国会議では6条、2条9、11条4(b)(g)に基づき規制措置の見直しが行われ、1990年第2回締約国会議（ロンドン改正）ではフロン、ハロンの生産を2000年までに全廃すること、1992年第4回締約国会議（コペンハーゲン改正）では全廃スケジュールの前倒し、新規規制物質の追加、1995年第7回締約国会議（ウィーン）では代替フロンを2040年に全廃することを決定した。

4. 海洋汚染

地球の70％は海であり、人類は海の自浄作用を利用して海洋を利用してきた。しかし、人為的な事故による海洋汚染が起こり、エクソンバルディーズ号事件（1989年4.2万kLの原油流失事故）や、湾岸戦争による汚染（1991年約63万kLが人為的に流出）、ロシアの放射性廃棄物の海洋投棄（1992～1993年）が問題となった。

1) 船舶起因汚染

(1) 油濁汚染

1967年のトリーキャニオン号事件を契機に、1969年油濁に対する公海措置に関する条約が採択され、公海上の他国船舶の油濁事故に対して沿岸国が必要な措置をとることができるようになった。そして1973年には油以外の有害物質についても同様の措置をとることができる議定書を採択した。

> **ナホトカ号事件**
> 1997年、日本海沖でロシア船籍のナホトカ号が油濁事故を引き起こした。ロシアは事故発生当時、油濁損害民事責任条約および油濁補償基金条約の当事国であった。1999年、日本政府は、ナホトカ号船舶所有者に対して損害賠償訴訟を東京地方裁判所に提訴し、2002年に和解が成立した。補償額は約261億円であった。

1992年改正油濁民事責任条約は、タンカー所有者に対する厳格責任、責任限度額の設定、被害地国の裁判所への賠償請求管轄権などを規定している。

1992年改正油濁補償基金条約は、船舶所有者による十分な損害賠償が実施されない場合に補完的補償に際し、原油の輸入者が受け取り量に比例して負担する基金の設立を規定する。1991年イタリア沖でのヘブン号事故で、当初の1

億3500万SDR（IMFに加盟する国が有する資金引出権）から2億300万SDR（1992年改正議定書）まで限度額の引き上げが行われた。さらに1997年日本海沖で起こったナホトカ号、1999年フランス沖で起こったエリカ号、2002年スペイン沖で起こったプレスティージ号による油濁事故に伴い、損害が油濁補償基金条約の補償限度額を上回る可能性が出てきたため、新たな基金の創設が必要となった。その結果、2003年、補償限度額が7億5000万SDRとなる追加基金設立議定書が採択された。

(2) 1973年 MARPOL 73/78 条約

以下の付属書に掲げられる油類のみならず、一般的に船舶による有害物質の排出、輸送、処分に関する規制を行う。油または油性混合物（付属書Ⅰ）、油以外のばら積み有害液体（付属書Ⅱ）、容器に収納された有害物質（付属書Ⅲ）、汚水（付属書Ⅳ）、廃棄物・ゴミ（付属書Ⅴ）、大気汚染物質（付属書Ⅵ）。

1989年にアラスカ沖でバルディーズ号事故が起き、1992年に付属書Ⅰにつき船体の二重構造を義務づける改正が行われた。

(3) 1996年有害および有害物質の海上輸送の際の賠償責任および補償に関する国際条約（HNS条約）

全体の賠償額に上限を設定し、海運会社の強制加入保険による支払い分と荷主が負担する国際基金から支出する2段階方式である。

対象物質は MARPOL に依存する。船主は1億SDRを上限として厳格責任を負い、それを担保するための海運会社に強制保険が義務づけられている。それを超える部分については、荷主の拠出によるHNS基金（2億5000万SDRを上限）が設立される。

> **便宜置籍船**
>
> 船舶から生じる所得への低率課税、緩い船舶構造基準などの便宜から、船舶所有者の国籍国ではなく国籍国以外に登録される船舶をいう。便宜置籍船は登録国の締結条約や法令に従うため、その管理、規制が不十分になる可能性がある。そのため、入港国の管理権の強化が行われ、1982年ヨーロッパ地域、ラテンアメリカ地域（1992年）、アジア太平洋地域（1993年）、カリブ海地域（1996年）で海洋汚染、海上安全、船舶労働などの規制実施を目的として、船舶規模により規制を免れている船舶に対し、安全、健康、環境の面から入港規制を行う入港国

管理覚え書きが実施されている。

2）海洋投棄

(1) ロンドン条約

1972年、すべての海を対象として陸上廃棄物の海洋投棄、洋上焼却を禁止するロンドン条約が採択された。

廃棄物の投棄禁止（付属書Ⅰ）、事前に個別の特別許可（付属書Ⅱ）、事前に許可（付属書Ⅲ）に分類され、条約採択時は、高レベル放射性廃棄物は付属書Ⅰ、低レベル放射性廃棄物は付属書Ⅱに記載され、低レベル放射性廃棄物はIAEAの勧告を考慮して特別許可のもとで許されていたが、ロシアの日本海での低レベル放射性廃棄物投棄が問題となり、1993年ロンドン条約締約国会議で放射性廃棄物は全面投棄禁止となった。

(2) 1996年ロンドン条約議定書

ロンドン条約の禁止リスト方式に対し、議定書は個別許可によって投棄が認められる廃棄物が掲載されているリバースリスト方式が採用されている。廃棄物評価に関し、投棄規制当局は廃棄物の特性、再利用の可能性、投棄海域の特性、海洋環境への影響を考慮する。

洋上焼却は禁止され、洋上焼却目的の廃棄物輸出は禁止されている。

(3) OPRC条約

1990年の油濁事故対策協力（OPRC）条約は、地域を限定せず、緊急体制の整備協力、特に開発途上国の体制整備協力、また油濁事故の際の報告・通報義務、重大な事故の場合には、要請に基づいた汚染の拡大防止のための協力援助を規定する。

5. 有害廃棄物の越境移動

有害廃棄物は国内で処理すべきであるが、廃棄物の発生量の増大、処理費用の値上がり、国内の規制強化、国際市場の存在などによって国境を越えて移動する現象が見られる。

1982年イタリアの農薬工場の爆発事故でダイオキシンが生じ、その後北フランスで発見されたセベソ事件や、1987年に有害廃棄物がイタリアからナイ

ジェリアのココに持ち込まれたココ事件が契機となって、1989年、バーゼル条約が採択された。

> **医療廃棄物不正輸出事件**
> 　1999年栃木県小山市の産業廃棄物処理業者が貨物を輸出しようとしたところ、輸入業者が貨物の引き取りを拒否し、フィリピン政府が貨物を調べた結果、古紙に混じり医療廃棄物が発見された。フィリピン政府はバーゼル条約違反だとして日本政府に対し廃棄物の引き取りを求めた。その結果、日本政府はバーゼル条約8条に基づき廃棄物を回収した。

1）バーゼル条約
(1) 適用範囲

対象有害廃棄物は、付属書に掲げられている有害廃棄物とともに締約国の国内法で有害廃棄物とされているものである。

(2) 締約国の一般的義務

廃棄物の発生抑制（4条2a）、国内処分原則（4条2b、d）、環境上適正な管理義務（4条8）、有害廃棄物による汚染防止（4条2c）が規定される。

(3) 国境を越える移動の規制

輸入禁止国への移動の禁止（4条1）、非締約国との取引禁止（4条5）、ただし、非締約国の通過は禁止していない（7条）。また、非締約国との協定の締結による取引は認められる（11条）。

(4) 南極への廃棄物輸出禁止（4条6）

(5) OECD諸国から非OECD諸国への輸出禁止（4条A）

第3回締約国会議において1995年のバーゼル条約改正に伴い1997年12月31日から最終処分目的のみならず、リサイクル目的も禁止される。OECD諸国、EU、リヒテンシュタイン（付属書Ⅶ国）からそれ以外の国家への輸出を禁止する。ただし、改正によっても先進国間および途上国間の越境移動は認められる。

(6) 手続的義務

一般的義務を遵守し、事前通告に基づく書面による同意のもとで行われる（4条1c、6条、7条）。

(7) 不法取引

不法取引防止のための国内法の整備の必要性（4条3、4、9条5）。

(8) 契約に従って完了できない場合の再輸入義務（8条）が規定される。

さらに、バーゼル条約上の義務の実施および遵守を促進する遵守委員会が設けられている。

2) 有害廃棄物の国境を越える移動およびその処分から生じる損害に対する賠償責任および補償に関するバーゼル議定書（1999年第5回締約国会議）

バーゼル条約12条の規定により本議定書が採択された。損害の範囲は積み込み時点から処分完了までであり（3条1、2）、議定書発効以前の損害には適用されない（3条6a）。国家管轄下の領域内での損害が対象であるが（3条3a）、国家管轄権を超える範囲では、人身、財産損害、未然防止措置費用のみが対象となる（3条3c）。責任については通告を行うものが厳格責任を負い（6条）、輸出者が通告者か通告のなされない不法取引の場合は輸出者が責任を負う。処分者の占有となった後は処分者が責任を負う（4条1）。条約8条の再輸入の場合、通告者が責任を負う（4条3）。ただし武力紛争時は免責される。

6. 生物多様性

生息環境の破壊・悪化（熱帯雨林、珊瑚礁、湿地）、乱獲、貧困による過剰利用など、また人口の増加に伴う生物資源の利用の増加によって再生産の限度を越え、生物の多様性の減少が見られる。多様な生物には医薬品の開発や農産物の品種改良に役立つなど人類の将来に不可欠な価値が含まれる。生物多様性とは生態系、生物種、遺伝子の多様性からなる。1992年のUNCEDで生物多様性条約が採択された。アメリカは未加入。

1) 生物多様性条約

(1) 目　　的

生物多様性の保全および持続可能な利用の促進と遺伝資源から得られる利益の公正で衡平な分配である（1条）。

(2) 保全のための措置

生物多様性保全のための国家戦略の策定および保護区の設置とバイオテクノロジーによる改変種の移入規制を規定する。

(3) 遺伝資源

遺伝資源に関して主権的権利が確認され、資源へのアクセスは相互の合意条件によるとされる。領域国が主権的権利を有し、遺伝資源の利用に関する許可権を持つ。その利用は十分な情報提供に基づく事前同意に基づく。遺伝資源を伝統的に利用してきた地元住民に衡平に分配する。知的所有権の保護に関し、資源提供国が有利な条件で技術を利用できる。

(4) バイオテクノロジーの安全性（8条、19条）

バイオテクノロジーによって改変された生物の安全性（バイオセーフティ）については議定書で定める。

2) カルタヘナ議定書

生物多様性条約19条3に基づき、バイオセーフティに関する議定書が2000年に採択された。

マイアミグループ（アメリカ、カナダなどの遺伝子組み換え作物輸出国）とEU、途上国で論議。アメリカは生物多様性条約締約国ではないが、議定書により輸出国として制約を受けることからオブザーバーとして参加した。

(1) 対象範囲

遺伝子組み換え生物に限定し、人の医薬品は対象外とされた。通常の穀物輸出は対象外である。輸出国の主張が認められた。

(2) 輸出の際の表記の仕方

正確な種別の特定は不要である。EUは遺伝子組み換え作物を含みうる穀物輸出について正確な種別の特定を求めたが、輸出国はコスト面から反対し、遺伝子組み換え作物を「含んでいるおそれがある (may contain)」と表示することで足りるとした。

(3) 予防的アプローチの考え方が規定されている。

(4) インターネットによるクリアリングハウスを設け、情報提供を行う。

(5) 事前情報による合意手続が必要である。

(6) 非締約国との取引も議定書に即して行うとし、非締約国との協定を結ぶように努める。

(7) WTO協定との関係

相互に補完的であると規定されるが具体的な規定はない。

3）名古屋議定書

2010年生物多様性条約第10回締約国会議で、名古屋議定書および絶滅危惧種の保護を強化する愛知ターゲットが採択された。名古屋議定書は議定書発効前の利益配分は認めないこと、利益配分の対象には生物も含む余地を残したこと、不正取得の審査機関の設立が主な内容である。

4）野生動植物の取引

(1) ワシントン条約

野生動植物の需要過剰による価格上昇→投機業者の介入→密漁・乱獲によって、野生動植物が絶滅の危機に瀕している。このような状況から野生動植物の取引を規制するため、1973年ワシントン条約が採択された。

対象種は、商業取引禁止（付属書Ⅰ）、許可を受けて商業取引（付属書Ⅱ）、自国における捕獲・採取防止のために他国の協力を求めるもの（付属書Ⅲ）に分類されている。日本はタイマイについて、1992年末で輸入禁止、1994年に条約の留保を撤回している。

内容は野生生物種の国際的取引の規制であり、生死、一部かどうか、加工されているかに関わりなく規制する。野生生物の直接的な保護ではない。定められた輸出入手続に従えば商業利用も可能である。

1997年、第10回締約国会議において、アフリカ象が条件付きで付属書ⅠからⅡへ変更となった。その条件は、生牙の貿易については付属書Ⅱへの移動が発効後18ヶ月間を経なければならない。輸出対象は日本。割当量を超えないこと。常設委員会での条件の確認、違法取引の場合取引を停止し、付属書Ⅰに戻すというものである。

(2) 1971年ラムサール条約

湿地そのものを保全する条約で水鳥の生息地としての国際的に重要な湿地を保護し、湿地の賢明な利用を行う。国際的に重要なものは締約国の指定によって登録簿に掲載される。条約加入に際し、最低1ヶ所を指定しなければならない。そして湿地の変化、保全計画の変更について事務局へ通報しなければならない。

1990年、賢明な利用を確保するためのガイドラインが出された。勧告付属書で、賢明な利用とは「生態系の自然特性を変化させないような方法で、人間

のために湿地を持続可能なように利用すること」と規定する。1993年追加手引きでは、経済的手法の検討、土地利用計画に湿地保全を組み入れること、影響の大きい開発行為に許認可制度を取り入れること、環境影響評価の実施などを規定している。

7. 水産資源

水産資源の持続可能な利用が必要である。最大持続可能漁獲量（MSY）のもとに漁獲規制を行う条約が増加してきている。また、200海里水域の拡大に伴い遠洋漁業は公海での漁業へ移行してきた。

1）流し網漁業

アメリカを母川国とするさけ・ますの混獲が問題となり、1989年南太平洋流し網漁業禁止条約が採択された。

規制対象は2.5 km以上の長さの流し網漁業および関連活動であり、流し網漁獲物の輸送、加工、流し網漁船への燃料・食糧の供給なども含まれる。

締約国は200海里水域内の流し網活動を禁止する。漁獲物の陸揚げ、加工輸入禁止、流し網漁船の寄港制限、200海里水域内での流し網の所持禁止が規定される。

2）溯河性魚種

海洋法条約66条では、公海上での捕獲は原則禁止とする母川国主義がとられる。

1992年の北太平洋溯河性魚種条約は、アメリカ、カナダ、ロシア、日本が締約国である。

さけ、ます7種類の北太平洋公海上での採捕禁止、混獲した場合は海に戻すことが義務づけられる。混獲に関する付属書違反漁業は2ヶ国以上が条約委員会に通告した場合は、通告対象国は違反していないことの立証責任を負う。立証ができないと委員会が判断した場合は、付属書に合致するまで漁業が禁止される。また締約国は条約違反の魚種の取引防止、処罰違反が明らかなときは他の締約国漁船であっても拿捕できる。

3）みなみまぐろ

海洋法条約64条には高度回遊性魚種の保存と最適利用が規定される。

1993年のみなみまぐろ保存条約は、オーストラリア、ニュージーランド、日本が締約国である。みなみまぐろの保存、最適利用を適切な管理を通じて確保する。そのためにみなみまぐろ保存委員会が設置され、委員会は総漁獲可能量（TAC）と締約国の漁獲割当量を決定する。非締約国漁民による条約目的違反行為に対し、国際法・国内法上可能な抑止手段をとらなければならない。

4）公海漁業

　UNCEDで公海漁業管理の必要性が議論され、これをうけて1995年、公海漁業協定が採択された。移動性および高度回遊性魚種の長期的保存と持続可能な利用の確保を規定し、予防的アプローチがとられている。旗国は船舶の登録、査察などを通じて管理、取り締まりが義務づけられる。

　2000年、中西部太平洋における漁業資源の保存管理のための委員会を設立する条約である「西部及び中部太平洋における高度回遊性魚類資源の保存及び管理に関する条約」が採択されている。

IUU漁業

　IUU漁業とはillegal（違法）、unreported（無報告）、unregulated（無規制）漁業をさす。便宜置籍船籍国（ボリビア、グルジア）産のメバチまぐろの輸入禁止措置が実施され、大西洋、インド洋、東部太平洋のまぐろ類保存のための漁業管理機関においてポジティブリストを作成している。ポジティブリストは規制を遵守している正規船のリストであり、当該リストに掲載されていない漁船からの輸入を認めないとするものである。

　また、「保存および管理のための国際的な措置の公海上の漁船による遵守を促進するための協定」が採択され、便宜置籍船が保存管理措置を遵守せずに操業を行うことを防止する。

---

8. 原子力事故

　原子力発電所の操業は、法的には合法な活動であるが、高度の危険性を包含しており、ひとたび事故が起こるとその影響は多大なものがある。

　国際法では原子力事故の責任について、領域使用の管理責任の考え方があったが、この考え方は必ずしも個々の賠償責任に結びつくものではなかった。また、国際的な損害賠償制度が確立していなかった。

　1986年旧ソ連でチェルノブイリ原子力発電所事故が起こったが、どの国家

も正式な賠償請求を行っていない、また旧ソ連は賠償責任を否定した。国家は相当な注意義務を怠った場合に責任を負うが、相当の注意義務の内容や損害の概念が明確でないため、チェルノブイリ事故における賠償責任の有無をめぐって議論がある。チェルノブイリ事故後、2つの原子力関連条約が採択された。1986年原子力事故早期通報条約は、原子力事故の防止、事故が発生した場合でも被害を最小限にするために原子力事故関連情報を早期に提供することが趣旨である。影響のおそれのある国家または国際原子力機関（IAEA）に対し通報情報提供義務を定める。

　1986年原子力事故または放射線緊急事態の場合における援助に関する条約は、締約国間およびIAEA間の協力ならびに他の締約国およびIAEAに対する援助要請を規定する。

第8章

犯　　罪

第1節　国内社会と犯罪

どのような場合に犯罪が成立するのだろうか。

1. 罪刑法定主義

罪刑法定主義とは、文字通り罪刑は法定されていなければならないとする考え方である。「法律無ければ刑罰無し」というのが近代刑法の原則である。また、日本国憲法31条、39条に規定がある。法律に規定されていない罪で裁かれ、刑を科せられるのは常識から考えてもおかしい。

罪刑法定主義の有する内容として以下の原則がある。

①罪刑の法定　　犯罪とされる行為の内容、およびそれに対して科される刑罰をあらかじめ、明確に規定しておかなければならないとする。

②絶対的不定期刑の禁止　　刑罰を言い渡す際に、刑期をまったく定めないものを禁止する。

③類推解釈の禁止　　刑事法においては類推解釈をしてはならない。

④遡及処罰の禁止　　法令の効力はその法の施行時以前に遡っては適用されないという考え方である。

では、犯罪はどのような要件を充足すれば成

立するのだろうか。

2. 構成要件該当性

何が犯罪かを規定する部分が「構成要件」とされ、まず第 1 に構成要件に該当する行為が犯罪とされる。たとえば刑法 235 条の「他人の財物を窃取した」ことが窃盗罪の構成要件にあたる。構成要件に該当する行為は「実行行為」と呼ばれる。

では、いわゆる「丑の刻参り」は実行行為にあたるであろうか。「丑の刻参り」とは、丑の刻（午前 1～3 時頃）に神社のご神木に憎い相手の名前を書いた紙をわら人形とともに五寸釘で打ち付けると相手に災いが訪れるというものである。

丑の刻参りは殺人罪の構成要件に該当しないので実行行為にはあたらない。

1）故意・過失

故意とは刑法においては罪を犯す意思である。刑法 38 条 1 項は「罪を犯す意思がない行為は罰しない」と規定する。

また、刑法 38 条 3 項は「法律を知らなかったとしても、そのことによって、罪を犯す意思がなかったとすることはできない」と規定し、刑罰法規を知らなかったとしても故意の成立には影響しない。裁判員裁判で殺人罪か傷害致死かが問題になるのは故意の有無である。

> **未必の故意**
> 結果が発生するかもしれないという認識があり、かつ発生すればしても良いという認容がある場合である。結果発生の認容がない場合を認識ある過失という。

2）未遂・中止犯

刑法 43 条は「犯罪の実行に着手してこれを遂げなかった者は、その刑を減軽することができる。ただし、自己の意思により犯罪を中止したときは、その刑を減軽し、又は免除する」と規定する。

犯罪の実行に着手してこれを遂げなかった場合が未遂であり、自己の意思により犯罪を中止した場合が中止犯である。自己の意思によることが必要で驚愕

のような外部的要因によって犯罪を中止した場合は中止犯にあたらない。

3）共　犯

共犯は共同正犯（刑法60条）、教唆犯（刑法61条）および幇助犯（刑法62条）に分かれる。

「二人以上共同して犯罪を実行した者」が共同正犯である。意思の連絡および実行行為の分担という要件が必要である。

判例で確立した考え方に共謀共同正犯がある。共謀共同正犯は、組織犯罪すなわちオウム真理教による事件や暴力団の抗争事件などを対象としている。首謀者は実行行為以外の行為、たとえば指示するだけで実行行為を行わない場合でも首謀者も正犯とする考え方である。判例は見張りも共謀共同正犯だとする。

教唆犯とは、人を教唆して犯罪を実行させた者を指し、幇助犯とは、実行行為以外の行為で正犯の実行行為を容易にする行為を行った者を指す。

3．違法性

次に構成要件に該当する行為でも違法性がなければならない。違法性とは法秩序に違反することである。

違法性阻却事由

違法性が阻却される（違法性がない）場合として正当行為（刑法35条）、正当防衛（刑法36条）および緊急避難（刑法37条）がある。

正当行為として医療行為やスポーツによる行為（ボクシングなど）がある。

正当防衛は「急迫不正の侵害に対し、自己または他人の権利を防衛するために、やむを得ずにした行為は罰しない」。

緊急避難の例は、船が遭難した場合、生き残った者が海に浮いている木片を奪い合い、その結果、木片に捕まろうとした者を突き放して死亡させた場合である。道徳上は非難されるが、法律上は緊急避難が成立し合法である。

4．有責性

有責性とは責任能力を有しているかどうかということである。責任能力とは行為の是非を判断し、それに従って意思決定ができる能力のことである。責任が阻却される事由として心神喪失者の行為は罰しない。心神耗弱者の行為はそ

の刑を減軽する（刑法39条）。また、14歳未満の者の行為は罰しない（刑法41条）。

有責性に関して、原因において自由な行為という考え方がある。原因において自由な行為とは、たとえば飲酒による泥酔などによって自己を責任無能力の状態に陥れ、犯罪を実行することである。原因において自由な行為は責任無能力の状態で行われるが、責任阻却事由にはならない。

5. 刑　　　罰

刑罰としては死刑、禁錮、懲役、拘留、罰金、科料、没収がある。

1）死　　　刑

死刑に関しては国際条約として、「市民的及び政治的権利に関する国際規約の第二選択議定書」（死刑廃止議定書）があるが、日本は批准していない。日本は死刑を存続しているからである。

死刑が憲法上の残虐な刑にあたるかどうかについて最高裁判決は残虐な刑罰にはあたらないとする。死刑については存続論と廃止論の論争がある。

2）懲役、禁錮

刑務所内での作業が課されるのが懲役である。禁錮は刑務作業が課せられない。有期と無期があり、有期は1ヶ月以上20年以下である（刑法14条1項）。ただし、併合罪などにより刑を加重する場合には最長30年まで、減軽する場合は1ヶ月未満の期間を指定することができる（14条2項）。無期であっても仮釈放が可能となる場合もあり、終身刑ではない。

3）拘　　　留

拘留場への拘留である。1日以上30日未満の期間で課される。被疑者または被告人を刑事施設に拘束する勾留とは異なる。

4）罰金、科料

罰金と科料の違いは金額である。罰金は1万円以上であり、科料は1000円以上1万円未満の財産刑である。

5）没　　　収

犯罪に関係のある物の所有権を国庫に帰属させる刑罰であり、付加刑である。

> **死刑合憲判決（最大判昭和 23.3.12）**
> 刑罰としての死刑そのものが、一般に直ちに同条にいわゆる残虐な刑罰に該当するとは考えられない。ただ死刑といえども、他の刑罰の場合におけると同様に、その執行の方法等がその時代と環境とにおいて人道上の見地から一般に残虐性を有するものと認められる場合には、勿論これを残虐な刑罰といわねばならぬから、将来若し死刑について火あぶり、はりつけ、さらし首、釜ゆでの刑のごとき残虐な執行方法を定める法律が制定されたとするならば、その法律こそは、まさに憲法第 36 条に違反するものというべきである。

第 2 節　国際社会と犯罪

1.　犯罪人引渡

　犯罪人引渡の国際法上の義務はないが、二国間引渡条約による場合が多い。フランス革命を契機として、個人の政治的自由の尊重から政治犯不引き渡しの原則が確立された。

　政治犯罪とは、政治体制に影響を与えることを目的とする行為で、刑事法により犯罪とされているものである。絶対的政治犯罪と相対的政治犯罪（政治犯罪と普通犯罪が結合している場合）の区別があるが、絶対的政治犯罪のみが政治犯罪である。

　ベルギー条項（元首や家族へ危害を加える行為は政治犯罪とみなさない）を引渡条約に加える場合もある。

　犯罪人不引渡原則が慣習国際法上の原則であるかについて判断した尹秀吉（ユンスンギル）事件がある。東京地判昭和 44.1.25 は、条約、国内法令が義務的命令的に規定していることは不引き渡しの規範が歴史的社会的に定着していることを意味しており、国連憲章、世界人権宣言、国際人権規約を通じて国際法が人権の尊重に重点を置くに従って原則が法的な意味を持つようになったとした。東京高判昭和 47.4.19 は自由と人道に基づく国際慣行ではあるが、国際慣習法ではないとした。最判昭和 51.1.26 は上告を棄却した。

　また、犯罪人引渡と政治犯罪について判断した張振海事件がある。

張振海事件（東京高決平成 2.4.20）
【事案の概要】 1989年に起こった天安門事件に関係した民主活動家、張振海は、北京発ニューヨーク行きの中国国際航空機をハイジャックし、福岡空港に着陸した。張振海は中国に送還されると政治犯として不当な待遇を受けると主張し、日本政府は中国に引渡すかどうかについて高等裁判所の判断を仰いだ。その結果、日本政府は引渡す決定をした。
【決定要旨】 政治犯罪の「解釈にあたっては、事案毎の個別的事情を多角的に検討し、その行為がどの程度に強く政治的性質を帯びているか、それは政治的性質が普通犯的性質をはるかに凌いでいるかを明らかにした上で、健全な常識に従って個別的に判断するほかはない。その判断にあたって比較的重要なメルクマールになると思われるのは、差しあたり、その行為は真に政治目的によるものであったか否か、その行為は客観的に見て政治目的を達成するのに直接的で有用な関連性を持っているか否か、行為の内容、性質、結果の重大性等は、意図された目的と対比して均衡を失っておらず、犯罪が行われたにもかかわらず、なお全体として見れば保護に値すると見られるか否か等の諸点であると考えられる。
　本件ハイジャック行為によって生じた侵害行為の深刻さと、本人がこれによって最終的に目指した目的とを対比した場合、その間に必要な均衡が保たれていないことが本件ではきわめて明白で」ある。

2. 国 際 犯 罪

　国際法上の国際犯罪とは、諸国が共通に持っている法益の侵害である海賊（国連海洋法条約101条）、ハイジャック（航空機の不法な奪取の防止に関する条約）ならびに平和の維持や人権の保障といった国際社会の一般的利益の侵害である。
　第二次世界大戦後、平和に対する罪、人道に対する罪という新しい型の犯罪が創造され、ニュールンベルグ裁判や東京裁判が開かれた。
　国際社会の一般利益を侵害するとして、「集団殺害罪の防止および処罰に関する条約」や「アパルトヘイト犯罪の抑圧及び処罰に関する国際条約」が採択されている。
　第二次世界大戦後は、国家機関として行為した個人に刑事免責を認めてきた国家行為の法理を否定し、国際法による直接の処罰、地位を問わず処罰を受けるというニュールンベルグ原則が定式化された。人類の平和と安全に対する罪の法典草案の採択、旧ユーゴ国際刑事裁判所の設置、常設機関として国際刑事裁判所設立がなされた。

旧ユーゴ国際刑事裁判所やルワンダ国際刑事裁判所は、憲章7章に基づき、国際の平和と安全の回復という目的のため安保理が設置した臨時の裁判所である。

1) 国際刑事裁判所 (International Criminal Court, ICC)

国際刑事裁判所が国内刑事裁判制度を補完する原則を、国際刑事裁判所規程は掲げる（前文、1条）。

事件について管轄権を有する国が国内手続を行っている間は、管轄権がない。ただし、管轄権を有する国が実効的な管轄権を行使できない場合は、ICCは管轄権を行使できる（17条1、3、20条3）。

管轄権の行使については、犯罪行為の領域国、船舶、航空機の登録国、被疑者の国籍国が締約国であるという前提条件があるため、ICCは普遍的管轄権を行使できない。したがって、犯罪行為が非締約国国内で行われ、かつ被疑者が締約国国民でない場合は管轄権が行使できない。7章の強制措置として安保理が検察官に付託する場合は、管轄権が行使できる（12条2、13条(b)）。

安保理の権限として憲章7章のもとで採択した決議は、ICCに対し12ヶ月間捜査、訴追を開始しないように要請することができる（16条）。

戦争犯罪については、締約国となって後、7年間ICCの管轄権行使を排除する宣言をすることができる（経過規程124条）。

2) 管轄権

管轄権は、どこの国の裁判所が犯人を処罰できるかであり、立法的刑事管轄権と呼ばれる。以下の種類がある。

(1) 属地主義（犯罪地主義）

犯罪が行われた国が管轄権を持つという考え方である。

(2) 積極的属人主義（国籍主義）

犯罪実行者の国籍国が管轄権を持つという考え方である。

(3) 消極的属人主義

被害者の国籍国が管轄権を持つという考え方である。この考え方をとった事件としてアイヒマン事件がある。

> **アイヒマン事件**
> ナチス政権下において親衛隊中佐であったアドルフ・アイヒマンはホロコーストに関与し、数百万の人々を強制収容所へ移送するにあたって指揮的役割を担った。アルゼンチンに潜んでいたアイヒマンは、1960年「ナチスおよびナチス協力者処罰法」に基づいてイスラエルの諜報機関であるモサドによって連行された。イスラエルは1961年「アイヒマン法」を制定して、1962年アイヒマンを絞首刑に処した。

(4) 保護主義

　自国法益の侵害に対し、領域外または自国民以外によって行われた犯罪にも刑事管轄権を及ぼす考え方。日本の刑法2条の規定。

(5) 普遍主義

①許容的普遍主義

　個人の刑事責任を問う国際犯罪—海賊行為、奴隷売買、海底電線の破壊などに適用される。

②義務的普遍主義

　ハイジャック、テロ行為—条約において訴追のため事件の付託を締約国に義務づけるものである。日本の刑法4条の2。

第 9 章

司 法 制 度

第 1 節　国内社会と司法制度

1．司 法 権

　憲法 76 条は司法権について規定する。司法権は、具体的争訟について法を適用し宣言することによってこれを裁定する国家の作用だとされてきた。具体的な争訟があることが重要な点である。裁判所法 3 条でも「一切の法律上の争訟」と規定する。したがって抽象的に法令の効力を争うことはできない。警察予備隊訴訟で最高裁判決はこの点を明確にし、具体的事件を離れて抽象的に法律、命令等が憲法に適合するかしないかを決定する権限を最高裁判所は有するものではないとした。

> **警察予備隊訴訟（最大判昭和 27.10.8）**
> 【事案の概要】1950（昭和 25）年に設置された警察予備隊に関し、当時、日本社会党の鈴木茂三郎が、1951（昭和 26）年 4 月 1 日以降の警察予備隊にかかる一切の行為の無効確認を求めた訴訟である。
> 【判旨】わが裁判所が現行の制度上与えられているのは司法権を行う権限であり、そして司法権が発動するためには具体的な争訟事件が提起されることを必要とする。我が裁判所は具体的な争訟事件が提起されないのに将来を予想して憲法及びその他の法律命令等の解釈に対し存在する疑義論争に関し抽象的な判断を下すごとき権限を行い得るものではない。けだし最高裁判所は法律命令等に関し違憲審査権を有するが、この権限は司法権の範囲内において行使されるものであり、この点においては最高裁判所と下級裁判所との間に異るところはないのである（憲

法76条1項参照)。

裁判所は最高裁判所、高等裁判所、地方裁判所、家庭裁判所、簡易裁判所に分かれる(裁判所法2条)。日本の裁判制度は、地方裁判所、家庭裁判所または簡易裁判所、高等裁判所、最高裁判所に訴えて3回まで裁判を行うことができる三審制をとっている。

ドイツやフランスのように、大陸法における裁判所は通常裁判所とともに行政裁判所を設けている。日本では、明治憲法下では行政裁判所があったが、日本国憲法においては通常裁判所のみである。

憲法81条は裁判所の違憲法令審査権を規定する。最高裁判所のみが違憲法令審査権を有するのではない。条約についての違憲法令審査権については前述参照(本書第2章、15頁)。日本は、憲法がGHQによって原案が作成されたことから付随的違憲審査制を採用し、具体的争訟のみに対して違憲判断を行う。違憲判断の方法については、法令そのものを違憲とする法令違憲と、法令を当該事件に適用した限度で違憲とする適用違憲がある。

2. 司法権の限界

司法権の限界として、①議員の資格争訟の裁判(憲法55条)および裁判官弾劾裁判(憲法64条)、②国際法の面からは外交使節の特権免除から刑事裁判権や民事裁判権に関して制限がある。③国会の自主権による行為(懲罰、議事手続)、④法律上の争訟ではあるが、団体の内部事項も裁判所の審査が及ばない。たとえば大学の単位認定行為は司法審査の対象外とされた(最判昭和52.3.15)。また、政党の除名処分も内部的問題にとどまる限り、司法審査の対象外とされた(最判昭和63.12.20)。ただし、地方議会の除名処分は内部規律の問題ではなく司法審査が及ぶとする(地方議会懲罰議決訴訟、最大判昭和35.10.19)。⑤統治行為(前述第6章、97頁)も裁判所の審査が及ばない。

地方議会懲罰議決訴訟（最大判昭和 35.10.19）
【事案の概要】地方議会議員に対する出席停止の懲罰議決について。
【判旨】司法裁判権が、憲法又は他の法律によつてその権限に属するものとされているものの外、一切の法律上の争訟に及ぶことは、裁判所法3条の明定するところであるが、ここに一切の法律上の争訟とはあらゆる法律上の係争という意味ではない。一口に法律上の係争といつても、その範囲は広汎であり、その中には事柄の特質上司法裁判権の対象の外におくを相当とするものがあるのである。けだし、自律的な法規範をもつ社会ないしは団体に在つては、当該規範の実現を内部規律の問題として自治的措置に任せ、必ずしも、裁判にまつを適当としないものがあるからである。本件における出席停止の如き懲罰はまさにそれに該当するものと解するを相当とする。（尤も昭和35年3月9日大法廷判決―民集14巻3号355頁以下―は議員の除名処分を司法裁判の権限内の事項としているが、右は議員の除名処分の如きは、議員の身分の喪失に関する重大事項で、単なる内部規律の問題に止らないからであつて、本件における議員の出席停止の如く議員の権利行使の一時的制限に過ぎないものとは自ら趣を異にしているのである。従つて、前者を司法裁判権に服させても、後者については別途に考慮し、これを司法裁判権の対象から除き、当該自治団体の自治的措置に委ねるを適当とするのである。）

統治行為論と憲法判断回避ルール
統治行為論は「一見きわめて明白に違憲無効であると認められない限りは裁判所の司法審査権の範囲外である」という考え方である。砂川事件（前述第6章、97頁）や苫米地事件の判決に見ることができる。一方、憲法判断回避ルールは事件処理の他の理由がある場合憲法判断を回避するという考え方である。恵庭事件（前述第6章、95頁）の判決に見ることができる。

苫米地事件（最大判昭和 35.6.8）
【事案の概要】第3次吉田内閣は1952（昭和27）年8月28日、憲法7条によって衆議院解散した。苫米地義三は当時衆議院議員だったが、解散により失職した。苫米地は憲法69条によらない解散は憲法に違反するとして提訴した。
【判旨】わが憲法の三権分立の制度の下においても、司法権の行使についておのずからある限度の制約は免れないのであつて、あらゆる国家行為が無制限に司法審査の対象となるものと即断すべきでない。直接国家統治の基本に関する高度に政治性のある国家行為のごときはたとえそれが法律上の争訟となり、これに対する有効無効の判断が法律上可能である場合であつても、かかる国家行為は裁判所

の審査権の外にあり、その判断は主権者たる国民に対して政治的責任を負うところの政府、国会等の政治部門の判断に委され、最終的には国民の政治判断に委ねられているものと解すべきである。この司法権に対する制約は、結局、三権分立の原理に由来し、当該国家行為の高度の政治性、裁判所の司法機関としての性格、裁判に必然的に随伴する手続上の制約等にかんがみ、特定の明文による規定はないけれども、司法権の憲法上の本質に内在する制約と理解すべきものである。

3. 司法権の独立

司法権の独立とは、司法権が立法権および行政権から独立していることと、裁判官の職権の独立を意味している（憲法76条3項）。政治権力の干渉を排除し、国民の権利を保護する必要性から生まれてきた近代立憲主義の原則である。裁判官の職権の独立を担保するものとして、裁判官の身分保障がある。なお、裁判官の免官および懲戒については裁判官分限法に規定がある。

裁判官の良心とは、裁判官としての客観的良心を指している。すなわち法の中に客観的に存在する良心である。

司法権の独立が問題となった事件として大津事件や平賀書簡事件がある。

大津事件

1891（明治24）年、大津市において津田三蔵巡査がロシア皇太子ニコライを負傷させた。政府は外交上の配慮から大逆罪を適用して死刑判決を下すように大審院に働きかけたが、大審院院長、児島惟謙は殺人未遂罪を適用し、無期徒刑とした。

司法権の独立が守られた事件として後世に伝えられている。

平賀書簡事件

1969（昭和44）年、長沼ナイキ基地事件（前述第6章、96頁）に関して、平賀健太札幌地方裁判所所長が担当裁判官である福島重雄裁判長に対し違憲判断は避けるべきである内容を私信として送った。最高裁判所は平賀所長を注意処分にし、東京高等裁判所に転任させた。

4. 民事・刑事手続

1）民事手続

民事訴訟手続は民事訴訟法に規定される。

訴えを提起する者（原告）が訴状を提出することにより、裁判手続が開始される。訴えられる者が被告である。刑事裁判ではないので被告の行為は必ずしも違法ではない。

民事訴訟の提起によって、裁判所から被告宛に訴状（副本）と期日呼出状が送達される。被告は期日に裁判所に出頭しなければ原告の請求を認めたとみなされ、原告が勝訴する。

被告が原告の請求事実を争う場合、原告は請求事実を証明しなければならない。これを弁論主義という。提出された証拠の評価は裁判所の自由であり、こ

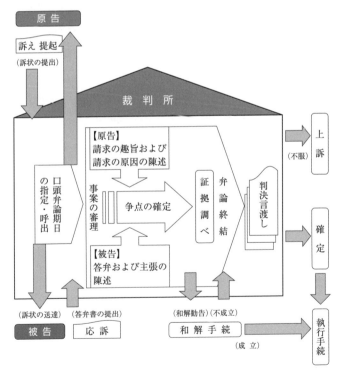

図9-1　裁判手続の流れ

出典）法務省（http://www.moj.go.jp/shoumu/shoumukouhou/shoumu01_00022.html）。

第9章　司法制度　169

れを自由心証主義という。

判決を待たずに裁判所からの和解勧告により和解で解決する場合もある。

夫婦関係や相続などの家事事件に関しては、訴訟提起の前に家庭裁判所に調停の申し立てをしなければならない。いきなり訴訟を提起することはできない。これを調停前置主義という。家庭裁判所での審判によって調停が成立すると、調停は判決と同じ効力を持つ。

簡易迅速な手続により60万円以下の金銭の支払を求める少額訴訟もある。

訴訟費用は裁判に負けた側が負担し、訴訟費用には弁護士費用は含まれない。

2) 刑事手続

刑事訴訟手続は刑事訴訟法に規定される。

(1) 令状主義

逮捕に際しては、現行犯を除き「権限を有する司法官憲が発し、且つ理由となつてゐる犯罪を明示する令状によらなければ、逮捕されない」(憲法33条)、すなわち裁判官が発布する令状が必要である。令状の請求者は警部以上の者に限定されている(刑事訴訟法199条2項)

逮捕には現行犯逮捕(刑事訴訟法213条)、通常逮捕(同法199条)、緊急逮捕(同法210条)がある。

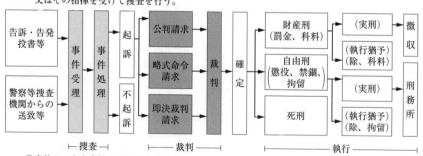

図9-2 刑事手続の流れ
出典) 法務省 (http://www.moj.go.jp/keiji1/keiji_keiji09.html)。

被疑者の逮捕後、48時間以内に検察官へ送致しなければならない。検察官は24時間以内に勾留請求または公訴提起をしなければならない。勾留の場合、勾留期間は10日間であるが、検察官の請求によりさらに10日間の延長が認められる。

したがって最大23日間身体の拘束が可能なことになる。

(2) 別件逮捕

別件逮捕とは重大な犯罪である本件の証拠が足りない場合、軽微な犯罪である別件で逮捕し、実際は本件の取り調べをするものである。

刑事訴訟においては、公訴提起を行うのが検察官であり起訴されたものを被告人という。「被告」ではない点に注意。検察官は証拠が不十分な場合や被疑者の年齢、境遇、犯罪の軽重などにかんがみ起訴しないことがある。検察官が起訴するかどうかを決定することを起訴便宜主義という。検察官が起訴しなかった場合、不起訴に不服があるものは検察審査会に申し立てることができる。

(3) 違法証拠収集排除

違法に収集した証拠は、裁判所において証拠として採用されないとするものである。以下の判例ではじめて言及された。また、最判平成15.2.14では覚せい剤事犯に関して、逮捕当日に採取された被疑者の尿に関する鑑定書の証拠能力が逮捕手続に重大な違法があるとして否定された。

所持品検査事件（最判昭和53.9.7）

【事案の概要】 覚せい剤所持の疑いのある被疑者に対し、警察官が職務質問に附随する所持品検査において許容される限度を超えた行為を行った。その行為によって収集された証拠が裁判所で証拠として採用できるかどうかが問題となった事案である。

【判旨】 警職法2条1項に基づく職務質問に附随して行う所持品検査は、任意手段として許容されるものであるから、所持人の承諾を得てその限度でこれを行うのが原則であるが、職務質問ないし所持品検査の目的、性格及びその作用等にかんがみると、所持人の承諾のない限り所持品検査は一切許容されないと解するのは相当でなく、捜索に至らない程度の行為は、強制にわたらない限り、たとえ所持人の承諾がなくても、所持品検査の必要性、緊急性、これによつて侵害される個人の法益と保護されるべき公共の利益との権衡などを考慮し、具体的状況のもとで相当と認められる限度において許容される場合があると解すべきである（最

> 高裁判所昭和52年（あ）第1435号同53年6月20日第三小法廷判決参照）。
> 　これを本件についてみると、原判決の認定した事実によれば、B巡査が被告人に対し、被告人の上衣左側内ポケツトの所持品の提示を要求した段階においては、被告人に覚せい剤の使用ないし所持の容疑がかなり濃厚に認められ、また、同巡査らの職務質問に妨害が入りかねない状況もあつたから、右所持品を検査する必要性ないし緊急性はこれを肯認しうるところであるが、被告人の承諾がないのに、その上衣左側内ポケツトに手を差し入れて所持品を取り出したうえ検査した同巡査の行為は、一般にプライバシイ侵害の程度の高い行為であり、かつ、その態様において捜索に類するものであるから、上記のような本件の具体的な状況のもとにおいては、相当な行為とは認めがたいところであつて、職務質問に附随する所持品検査の許容限度を逸脱したものと解するのが相当である。
> 　証拠物の押収等の手続に、憲法35条及びこれを受けた刑訴法218条1項等の所期する令状主義の精神を没却するような重大な違法があり、これを証拠として許容することが、将来における違法な捜査の抑制の見地からして相当でないと認められる場合においては、その証拠能力は否定されるものと解すべきである。

（4）疑わしきは被告人の利益に

検察官は、犯罪事実について合理的な疑いが残らない程度まで立証する必要がある。このことを表す「疑わしきは被告人の利益に」という法諺がある。したがって立証ができなければ被告人は無罪になる。

（5）取り調べの可視化

2010（平成22）年の大阪地検特捜部の証拠改ざん事件がきっかけとなって司法改革が行われた。

供述調書に依存した捜査からの脱却を目指し、取り調べの可視化、可視化によって供述が得られなくなる可能性や組織犯罪への対応から司法取引、組織犯罪への対応強化のため通信傍受の拡大が導入された。

具体的には、①裁判員裁判および検察の独自捜査事件で逮捕、勾留中の被疑者の取り調べの際、録音および録画を義務化する。②共犯者の犯罪についての供述により刑事処分を減軽する。③通信傍受の対象犯罪を拡大し、詐欺や窃盗なども対象となる。また、通信事業者の立ち会いが不要になる。

3）少年事件

少年事件は、①14歳以上20歳未満の罪を犯した少年（犯罪少年）、②刑罰法令に触れる行為をしたが、行為時に14歳未満であったため法律上、罪を犯し

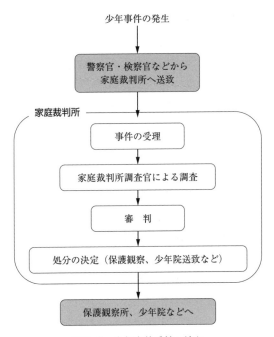

図9-3　少年事件手続の流れ

出典）最高裁判所（http://www.courts.go.jp/saiban/syurui_syonen/syonen_gaiyo/index.html）。

たことにならない少年（触法少年）、③20歳未満で、不良行為があり、その性格や環境からみて、将来、罪を犯すおそれのある少年（ぐ犯少年）について家庭裁判所で扱う。

犯行時14歳以上の少年について、その非行歴、心身の成熟度、性格、事件の内容などから刑事裁判によって処罰するのが相当と判断された場合には、事件を検察官に送致することがある。

4）裁判員制度

国民の司法参加を実現するために「裁判員の参加する刑事裁判に関する法律」が2004（平成16）年5月28日に公布され、2009（平成21）年5月21日にスタートした。

裁判員が参加するのは地方裁判所における刑事裁判で、殺人、強盗致死傷、傷害致死、危険運転致死、現住建造物等放火、身代金目的誘拐、保護責任者遺棄致死、覚せい剤取締法違反などが対象である。

裁判員は選挙人名簿を元に裁判員候補者名簿が作成され、その中から事件ごとに選任手続によって選ばれる。ただし、①欠格事由として義務教育を終了していない人、禁錮以上の刑に処せられた人、心身の故障のため裁判員の職務遂行に著しい支障のある人などがあり、②就職禁止事由として国会議員、国務大臣、行政機関の幹部職員、司法関係者、警察官、都道府県知事、市町村長、自衛官などがあり、③不適格事由として審理事件の被告人、被害者本人、その親族、同居人などがある。

　一定の理由があると認められる場合には、裁判員になることを辞退することができる。70歳以上の人、地方公共団体の議員（会期中のみ）、学生、一定のやむを得ない理由がある場合。たとえば親族の介護、事業に著しい損害が生じる場合、父母の葬式、妊娠中や出産直後、住所が遠隔地にあり裁判所への出頭が困難な場合などである。

　裁判員に選ばれると公判への出席、評議、評決、判決宣告に参加する。評決は全員一致にならなければ、多数決によって行われる。ただし、有罪と判断する場合、裁判官、裁判員それぞれ1名以上を含む過半数の賛成が必要である。

　裁判員には守秘義務があり、評議の秘密を守らなければならない。ただし、公開の法廷で見聞きしたことは例外である。

　裁判員には日当（上限1万円）や交通費が支給される。

第2節　国際社会と司法制度

国連憲章33条の紛争の平和的解決の一つとして平和的解決がある。
国際裁判の歴史的には任意的裁判から義務的裁判へ移行した。

1.　仲　裁　裁　判

仲裁裁判は1872年アラバマ号事件に始まる。

> **アラバマ号事件**
> 　南北戦争時、アラバマ号は南軍の発注によりイギリスで建造された軍艦であった。アラバマ号は南北戦争中、北軍に属する船舶の捕獲に従事していたので、

1872年仲裁裁判所は南北戦争におけるイギリスの中立義務違反を認定し、イギリスに対し賠償金の支払を命じた。

仲裁裁判は以下の特色を有している。
・事件ごとに当事国の合意によって裁判所が構成され、紛争当事国からも裁判官を出すことができる。

一方、1899年、国際紛争平和的処理条約は常設仲裁裁判所を設置する規定を置いた。常設といってもオランダのハーグの事務局に裁判官名簿がおかれ、名簿から合意によって裁判部を構成する形式である。
・裁判基準として当事国に別段の協定がないときは、「法の尊重を基礎として」(37条)、衡平と善(28条)に基づいて行われる。
・判決は当事国を拘束する。

仲裁裁判は、裁判所の構成や裁判基準が柔軟であるということができる。

現代における仲裁裁判の役割は、国連海洋法条約287条に規定されるように本条約の解釈適用に関する紛争解決のために仲裁裁判所を利用することができる。たとえば、2016年7月12日には南シナ海の管轄権に関するフィリピン対中国の仲裁裁判所判決が出ている。

2. 国際司法裁判所(International Court of Justice)

1) 特　　色

(1) 国連加盟国は裁判所規程の当事国となる。

(2) 15名の裁判官で構成され、任期は9年である。3年ごとに5名ずつ改選される。裁判官は中立であり、各国を代表するものではない。

(3) 管　轄　権

出訴権は国だけである(国際司法裁判所規程34条1)。

付託合意　裁判所の当事国がこの裁判所に付託することに同意した事件および国連憲章または他の条約に特に紛争を国際司法裁判所に付託することを定めた事件のすべての事項に及ぶ(国際司法裁判所規程36条1)。

応訴管轄　付託合意がなくても、一方的付託に対し相手国が応じれば管轄権が成立する。

2）選択条項（義務的管轄権）

「この規程の当事国である国は次の事項に関するすべての法律的紛争についての裁判所の管轄を同一の義務を受諾する他の国に対する関係において、当然に且つ特別の合意なしに義務的であると認めることを、いつでも宣言することができる。（イ）条約の解釈、（ロ）国際法上の問題、（ハ）認定されれば国際義務の違反となるような事実の存在、（ニ）国際義務の違反に対する賠償の性質又は範囲」（規程36条2）である。

受諾国は少ないうえ、廃棄通告や自働留保（国内管轄権にあるとアメリカが決定する事項を留保）などがある。日本の受諾宣言は宣言日以後の紛争に限定するとする。紛争が裁判所に係属した場合は、廃棄通告があっても裁判が可能である（ノッテボーム・ルール）。

3）裁判手続

(1) 先決的抗弁

先決的抗弁とは、本案の審理を阻止するために行う抗弁である。

受理可能性の疑いがある場合、管轄権の欠如、事件の許容性（国内的救済が尽くされていない場合など）（規程36条6）がある。

(2) 暫定措置（provisional measures）

暫定措置（仮保全措置）とは、各当事者の権利を保全するためにとられる措置である（規程41条）。

(3) 本案審理

裁判基準は国際司法裁判所規程38条1項によるが、合意があれば「衡平および善」（同2項）が裁判基準となる。

(4) 判　　決

判決の拘束力は当該事件のみである（規程59条）。判決不履行の場合、安保理に訴えることができ、安保理は判決履行の勧告やとるべき措置を決定する（憲章94条2）。

裁判は一審で終結するが、再審は認められる。

4）勧告的意見

総会、安保理、国連のその他の機関および専門機関の要請に応じて、法律問題について勧告的意見を与えることができる（憲章96条）。

勧告的意見は法律問題に限定される（規程65条1）。また、勧告的意見を与えることは義務づけられていない。拒否の事例として、常設国際司法裁判所での東部カレリア事件がある。

　勧告的意見は法的拘束力を持たないが、国家や国際組織が前もって勧告的意見を拘束的なものとして受諾する場合（強制的勧告的意見）もある。例として、国連の特権免除に関する条約30項や国連本部協定21項がある。

> **核兵器の威嚇または使用の合法性に関する勧告的意見（ICJ Advisory Opinion of 8 July 1996）**
>
> 　核兵器の威嚇または使用が合法かどうかについて総会およびWHOから要請があったが、WHOの「活動の範囲内において生じるものではない」とWHOからの要請は退けられた。
>
> 　総会決議Kによる勧告的意見の要請に裁判所は応じ、以下のような判断を示した。賛否が同数の場合は裁判長の投票によって決定する。
>
> 　核兵器の威嚇または使用を特段認可する国際慣習法や条約法は存在しない（全員一致）。核兵器の威嚇または使用を包括的かつ普遍的に禁止する国際慣習法や条約法も存在しない（賛成11/反対3）とし、核兵器の威嚇または使用は武力紛争に適用される国際法の規則、特に国際人道法上の原則・規則に一般的には違反する。しかし、国際法の現状に照らすと、国家の存亡そのものが危険にさらされるような、自衛の極限の状況において核兵器の威嚇または使用が合法であるか違法であるかについて裁判所は最終的な結論を出すことができない（賛成7/反対7）。Advisory Opinion of 8 July 1996, Legality of the Threat or Use of Nuclear Weapons", pp. 265-267.
>
> 　また、厳格かつ実効的な国際管理のもとで、全面的な核軍縮に向けた交渉を誠実に行い、その交渉を完結させる義務がある（全員一致）とした。
>
> It follows from the above-mentioned requirements that the threat or use of nuclear weapons would generally be contrary to the rules of international law applicable in armed conflict, and in particular the principles and rules of humanitarian law; However, in view of the current state of international law, and of the elements of fact at its disposal, the Court cannot conclude definitively whether the threat or use of nuclear weapons would be lawful or unlawful in an extreme circumstance of self-defence, in which the very survival of a State would be at stake.
>
> 　小田滋判事は、総会決議の採択過程で政治的な対立があったことから本件が法律問題ではなく政治的問題だとして、勧告的意見の要請に応じることに反対した。

3. 国際海洋法裁判所 (International Tribunal for the Law of the Sea, ITLOS)

国連海洋法条約に基づき、同条約の解釈・適用に関する紛争の司法的解決を目的として 1996 年に設立された。

国際海洋法裁判所は、「終局裁判を行うまでの間、紛争当事者のそれぞれの権利を保全または海洋環境に対して生ずる重大な害を防止するため、状況に応じて適当と認める暫定措置を定めることができる」と規定する (290 条 1)。また、「仲裁裁判所が構成されるまでの間紛争当事国が合意する裁判所または……紛争当事者が合意しない場合には国際海洋法裁判所」は暫定措置を定めることができると規定している (290 条 5)。

以上の条約規定に従って暫定措置命令が出されている。

1) 当事者能力

裁判所は、国連海洋法条約の締約国に開放されているほか (国際海洋法裁判所規程 20 条 1)、同条約第 11 部 (深海底) に明示的に規定する事件についてまたは裁判所に管轄権を与える他の取決めに従って付託され、かつ、裁判所が管轄権を有することを事件の全ての当事者が受け入れている事件について、締約国以外の主体に開放されている (同規程 20 条 2)。

2) 管轄権の範囲

裁判所は、国連海洋法条約の解釈または適用に関する紛争であって、同条約第 15 部 (紛争の解決) の規定に従って付託されるものについて管轄権を有する (同条約 288 条 1)。また、同条約の目的に関係のある国際協定の解釈または適用に関する紛争であって当該協定に従って付託されるものについて管轄権を有する (同条約 288 条 2)。

MOX 製造工場事件 (暫定措置) (アイルランド対イギリス)
　2001 年 11 月 9 日　要請、2001 年 12 月 3 日　暫定措置命令
【事案の概要】イギリス北西部のアイリッシュ海に面したセラフィールド (Sellafield) において原子力発電所、核燃料再処理工場 (以下、MOX 工場) の操業が予定されていた。アイルランドは、MOX 工場の操業がアイリッシュ海への回復不可能な海洋汚染をもたらすことを懸念していた。2001 年 10 月、イギリスにおける MOX 工場の操業が環境影響評価の結果認可された。アイルランドは MOX 工場の認可に対し、イギリスは国連海洋法条約の諸義務に反していると

して、国際海洋法裁判所に暫定措置命令を求めた。
(アイルランドの主張)
　予防原則は、いかなる害も廃棄およびMOX工場の操業の結果から生じないという責任をイギリスに負わせている。予防原則はMOX工場操業に関して裁判所の緊急性の評価にも適用されうる。
(イギリスの主張)
　アイルランドの権利に対する不可逆的侵害またはMOX工場の操業に起因する海洋環境の著しい汚染の立証を怠り、本件における事実に基づけば、予防原則は適用できない。
【暫定措置命令】
　協議義務は、国連海洋法条約第12部および一般国際法のもとで海洋環境の汚染防止における基本的な原則である。それに由来する諸権利も国連海洋法条約290条の暫定措置の保護の対象となる。

ジョホール海峡事件（マレーシア対シンガポール）
2003年9月5日　要請、2003年10月8日　暫定措置命令

【事案の概要】シンガポールによって、ジョホール海峡の埋め立てがマレーシアへの通報および協議なしに行われたことが問題となった。2003年7月マレーシアは付属書Ⅶの仲裁裁判所の設置を求め、また、国際海洋法裁判所に以下の暫定措置命令を求めた。
　a. 海洋境界に近接するすべての埋め立てをシンガポールは延期すること、b. 現行および将来の工事に関する十分な情報をマレーシアは享受すること、c. マレーシアは工事および工事の潜在的な影響に関し意見を述べる機会を与えられること、d. シンガポールは未解決の問題に関してマレーシアと交渉することに合意すること。
(マレーシアの主張)
　シンガポールは国連海洋法条約の123、292、194、198、200、204、205、206、210条および予防原則に違反している。予防原則は国際法のもとでこれらの義務の適用と履行に関しすべての当事国を指導しなければならない。
(シンガポールの主張)
　現状において、暫定措置を定めるために予防原則を適用する余地はない。
【暫定措置命令】
　本件の場合、埋め立て工事が海洋環境に悪影響を及ぼしている可能性を排除できない。賢明かつ慎重さ（prudence and caution）をもって、マレーシアとシンガポールは埋め立て工事に関する情報交換およびリスクまたは影響の評価を行うメカニズムを構築することを求めている。
　全員一致で、定期的にシンガポールの埋め立て工事に関する情報の交換および、

> リスクまたは影響の評価のためにマレーシアとシンガポールは協力し、協議に入ること、およびシンガポールはマレーシアの権利を回復不可能なまでに損ない海洋環境に重大な損害を与える方法で埋め立て工事を行わないことを決定した。
> 　本件でも予防原則の適用については明確には触れていない。

　国際刑事裁判所（International Criminal Court, ICC）については前述（第8章、163頁）参照。

事項索引

ア 行

アイヒマン事件	164
IUU 漁業	155
青森、岩手県境不法投棄事件	122
赤ちゃん斡旋事件	2
朝日訴訟	70
足尾鉱毒事件	109
アラバマ号事件	174
安保理決議 678	100
イェーリング	8–9
一般受容方式	32
一般条項	16
違法証拠収集排除	171
入会権	16
医療廃棄物不正輸出事件	150
ヴェストファーレン(ウェストファリア)講和条約	20
疑わしきは被告人の利益に	172
「宴のあと」事件	44
宇宙条約	88
宇宙損害責任条約	89
訴えの利益	136
ウティ・ポシディティス原則	91
宇奈月温泉事件	17
浦安漁民騒動	110
上乗せ基準	111
疫学的因果関係説	131
恵庭事件	95
愛媛玉串料訴訟	56
「エホバの証人」輸血事件	46
横断条項	118
大阪アルカリ事件	130
大阪国際空港騒音訴訟	47, 130
大津事件	168
おから事件	118
オゾン層の保護に関するウィーン条約	145
小田急高架訴訟	135
「おニャン子クラブ」事件	46
オランダ人元捕虜損害賠償請求事件	33

カ 行

外国人参政権(国政レベル)訴訟	38
外国人参政権(地方公共団体レベル)訴訟	38
蓋然性説	130
外務省機密漏洩事件	59
カイロ宣言	91
拡大生産者責任	123
核兵器の威嚇または使用の合法性に関する勧告的意見	177
カルタヘナ議定書	152
カロライン号事件	103
川崎民商事件	68
環境影響評価	113
環境権	47
環境と開発に関する国連会議(UNCED)	112
環境と開発に関する世界委員会	139
環境保護に関する南極条約議定書	92
勧告的意見	176
慣習国際法	25
慣習法	16
間接適用説	41
間接反証説	130
関連共同性	131
議員定数不均衡訴訟	52
気候変動枠組み条約	141
規則	13
規範	7
教科書検定第1次訴訟	63
共通第3条	106
京都議定書	142
京都府学連事件	45
京都メカニズム	142
共謀共同正犯	159
漁業管轄権事件	84
拒否権	100
国立マンション訴訟	48
熊本県水俣病待たせ賃訴訟	19
グロチウス	80
訓令	14
景観権	48
警察予備隊訴訟	165
ケルゼン	6, 8
検閲	61

181

厳格な合理性の基準	64	自動執行条約	32
権原	90	シベリア抑留訴訟	34
原告適格	134	司法権の限界	166
剣道実技拒否事件	54	社会規範	7
原爆訴訟	30	社会権	70
憲法判断回避ルール	167	社会的権力	41
行為規範	8	自由心証主義	170
公海	83	集団安全保障	99
公害	109	集団的自衛権	103
公空	87	主権	79
公衆浴場距離制限訴訟	65	ジュネーブ法	105
構成要件	158	循環型社会	123
交戦団体の承認	28	消極目的規制	64
江沢民講演会名簿提出事件	44	肖像権	45
高度回遊性魚種	84	条約	24
公布	12	条理	16
国際海峡	82	省令	13
国際海洋法裁判所	178	条例	13
国際刑事裁判所	163	昭和女子大事件	42
国際司法裁判所	175	所持品検査事件	171
国際人権規約	73	処分性	134
──選択議定書	73	ジョホール海峡事件	179
国際犯罪	162	深海底	87
国際法主体	28	信教の自由	54
国際法の法典化	28	信玄公旗掛の松事件	16
国際法優位の一元論	31	水質二法	110
国内法優位の一元論	31	スクリーニング	117
ココ事件	150	スコーピング	117
コスモス954号事件	89	砂川事件	97
小繋事件	16	スペースデブリ	89
根本規範	8	政治犯罪	161
サ　行		正戦論	21
		制定法による解釈	14
罪刑法定主義	157	生物多様性条約	151
再婚禁止期間訴訟	50	成文法	11
裁判員制度	173	勢力均衡方式	99
裁判規範	8	政令	13
札幌税関検査事件	62	世界人権宣言	73
サテライト大阪訴訟	136	積極目的規制	64
三十年戦争	21	接続水域	82
暫定措置	176	セベソ事件	149
山王川事件	131	セルデン	80
自衛権	103	先決的抗弁	176
自己決定権	46	『戦争と平和の法』	104
自然法	6	選択条項	176
持続可能な開発	139	戦略的環境アセスメント	114

総量規制	111
属人主義	75
属地主義	75
ソフト・ロー	140
空知太神社訴訟	57
尊属殺重罰違憲訴訟	3
存立危機事態	97

タ 行

タールベーク（Thalweg）の原則	91
第一次的ルール	7
大韓航空機事件	88
第三者所有物没収事件	67
第二次的ルール	7
大陸棚	86
代理母（BabyM）訴訟	1
田子の浦ヘドロ訴訟	137
チェルノブイリ原子力発電所事故	155
地方議会懲罰議決訴訟	167
チャタレー訴訟	61
仲裁裁判	174
直接適用説	41
通達	13
津地鎮祭訴訟	55
適正手続	67
テレビフィルム提出命令事件	58
等位理論	31
統治行為論	167
土地区画整理事業訴訟	134
苫米地事件	167
トリーキャニオン号事件	147
取消訴訟	133
取り調べの可視化	172
トレイル熔鉱所事件	90

ナ 行

内水	81
長沼ナイキ基地事件	96
名古屋安楽死事件	5
名古屋議定書	153
ナホトカ号事件	147
成田新法事件	68
南極海捕鯨事件	85
南極条約	92
難民	76
──の地位に関する条約	76
難民審査参与員制度	78
新潟空港訴訟	135
ニカラグア事件	103
二元論	31
二重国籍	75
二重の基準論	66
西淀川大気汚染訴訟	133
日ソ共同宣言	91
二風谷ダム訴訟	137
ニュールンベルグ原則	162
人間の安全保障	22
ノンルフールマンの原則	78

ハ 行

ハーグ法	105
バーゼル条約	150
ハート	7
廃棄物	118
排他的経済水域	84
パリ協定	144
犯罪人不引渡原則	161
判例	20
比較衡量論	66
被疑者	69
被告人	69
批准	25
非嫡出子相続分訴訟	49
表現の自由	58
平賀書簡事件	168
不戦条約	22
不文法	15
不法投棄	121
プライバシー権	43
フランス人権宣言	35
Pledge & Review（誓約・審査）方式	141
プログラム規定	70
文理解釈	14
平和維持活動（PKO）	100
平和主義	94
平和への課題	101
便宜置籍船	148
変型方式	32
弁論主義	169
法実証主義	6
法段階説	8
法治主義	8

事項索引　　*183*

法と道徳	1
法の支配	8
法律	12
ボスニア紛争	101
北海大陸棚事件	26
ポツダム宣言	79
北方ジャーナル事件	62
堀木訴訟	71

マ 行

前借金無効事件	18
マクリーン事件	37
マッカーサー草案	94
マニフェスト制度	121
マラケシュ合意	144
マレーシア航空事件	18
三菱樹脂事件	42
水俣病	128
みなみまぐろ事件	84
未必の故意	158
無過失責任	112
無国籍	75
無差別戦争観	22
明白の原則	64
黙示的権限論	29
目的効果基準	55
MOX製造工場事件	178
森川キャサリーン事件	39
もんじゅ原発訴訟判決	135

モントリオール議定書	146

ヤ 行

薬局距離制限訴訟	65
八幡製鉄事件	36
尹秀吉事件	161
横出し規制	111
四畳半襖の下張り事件	61
四日市ぜんそく訴訟	132
「よど号」ハイジャック記事抹消事件	40
予防的アプローチ	140

ラ 行

ラヌー湖事件	139
立憲主義	11
立法者意思解釈	14
領海	81
領空	87
レイシオ・デシデンダイ	20
令状主義	170
連邦環境政策法	113
ロンドン条約	149
——議定書	149
論理解釈	14

ワ 行

ワイマール憲法	70
ワシントン条約	153

判 例 索 引

大 審 院

大判大正 5.12.22	130
大判大正 7.10.2	18
大判大正 8.3.3	16
大判大正 10.9.29	18
大判昭和 10.10.5	17

最高裁判所

最大判昭和 23.3.12	161
最大判昭和 23.9.29	70-1
最大判昭和 27.10.8	165
最大判昭和 30.1.26	66
最判昭和 30.2.24	133
最判昭和 30.10.7	18
最大判昭和 32.3.13	61
最大判昭和 32.6.19	37, 40
最大判昭和 34.12.16	97
最大判昭和 35.3.9	167
最大判昭和 35.6.8	167
最大判昭和 35.10.19	166-7
最大判昭和 37.11.28	67
最大判昭和 42.5.24	70
最判昭和 43.4.23	131
最大決昭和 44.11.26	58
最大判昭和 44.12.24	45

最大判昭和 45.6.24	36
最大判昭和 47.11.22	66, 68
最大判昭和 48.4.4	3
最大判昭和 48.12.12	42-3
最判昭和 49.7.19	42
最大判昭和 50.4.30	65-6
最判昭和 51.1.26	161
最大判昭和 51.4.14	52
最判昭和 52.3.15	166
最大判昭和 52.7.13	55
最決昭和 53.5.31	59
最判昭和 53.6.20	172
最判昭和 53.9.7	171
最大判昭和 53.10.4	37-8, 40
最判昭和 55.11.28	61
最判昭和 56.10.16	18
最大判昭和 56.12.16	47, 133
最大判昭和 57.7.7	71
最判昭和 57.7.13	137
最判昭和 57.9.9	96
最大判昭和 58.6.22	40
最判昭和 59.12.12	62
最判昭和 60.12.17	135
最大判昭和 61.6.11	62
最判昭和 63.6.17	2
最判昭和 63.12.20	166
最判平成元.1.20	65-6
最判平成元.2.17	135
最判平成元.3.7	66
最判平成元.6.20	135
最判平成 3.4.26	19
最判平成 4.1.24	137
最大判平成 4.7.1	68
最判平成 4.9.22	135
最判平成 4.11.16	39
最判平成 5.2.26	38
最判平成 5.3.16	63
最判平成 5.9.7	137
最判平成 7.2.28	38
最判平成 7.12.15	40
最判平成 8.3.8	54
最判平成 9.3.13	34
最大判平成 9.4.2	56
最判平成 11.3.10	118
最判平成 12.2.29	46
最判平成 15.2.14	171
最判平成 15.9.12	44
最判平成 16.3.30	33
最判平成 16.10.15	129
最大判平成 17.12.7	135
最判平成 18.3.30	48
最大判平成 20.9.10	134
最判平成 21.10.15	136
最判平成 22.1.20	57
最判平成 25.4.16	129
最大決平成 25.9.4	49
最大判平成 27.12.16	50

高等裁判所

名古屋高判昭和 37.12.22	5
東京高判昭和 47.4.19	161
東京高決平成 2.4.20	162
東京高判平成 3.9.26	46
東京高判平成 13.10.11	33

地方裁判所

東京地判昭和 38.12.7	30
東京地判昭和 39.9.28	44
札幌地判昭和 42.3.29	95
東京地判昭和 44.1.25	161
津地裁四日市支部判昭和 47.7.24	132
大阪地判平成 3.3.29	133
横浜地判平成 7.3.28	6
札幌地判平成 9.3.27	137
東京地判平成 10.11.30	33
鹿児島地判平成 13.1.22	136

仲裁裁判所判決

仲裁裁判所判決 1957.11.16	139
仲裁裁判所判決 2000.8.4	85

国際司法裁判所（ICJ）

ICJ 判決 1949.4.9、12.15	83
ICJ 判決 1969.2.20	26
ICJ 判決 1974.7.25	84
ICJ 判決 1986.6.27	103
ICJ 判決 2014.3.31	85

【著者紹介】

井上秀典（いのうえ・ひでのり）
早稲田大学大学院法学研究科修了
明星大学名誉教授
専　門　国際法、国際環境法
著書・論文
「国際環境法形成における国際判例の役割」（環境法研究　有斐閣　2011年）、「海洋環境に関する国際条約の展開」『環境法大系』所収（商事法務　2012年）、「2020年以降の地球温暖化防止に関する法政策―パリ協定を中心に―」（環境法研究　有斐閣　2016年）、「国際環境法における義務と共同体利益」『国際法のフロンティア　宮崎繁樹先生追悼論文集』所収（日本評論社　2019年）、「国際社会における環境権の諸相」（環境法研究　有斐閣　2019年）

持続可能な社会を考える法律学入門

2016年12月５日　第１版１刷発行
2021年８月20日　第１版４刷発行

著　者―井　上　秀　典
発行者―森　口　恵美子
印刷所―美研プリンティング（株）
製本所―（株）グリーン
発行所―八千代出版株式会社

〒101-0061　東京都千代田区神田三崎町2-2-13
TEL　03-3262-0420
FAX　03-3237-0723
振替　00190-4-168060

＊定価はカバーに表示してあります。
＊落丁・乱丁本はお取替えいたします。

Ⓒ Hidenori Inoue 2016　　ISBN978-4-8429-1693-4